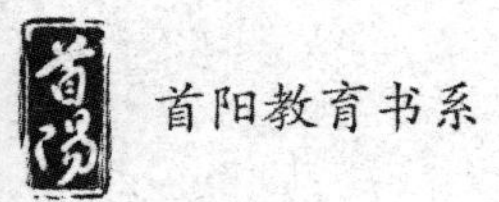

首阳教育书系

高校思想政治理论课教学改革与智慧课堂构建研究

孙凤兰　著

陕西师范大学出版总社　西安

图书代号 JY25N1075SY

图书在版编目（CIP）数据

高校思想政治理论课教学改革与智慧课堂构建研究 / 孙凤兰著. -- 西安 : 陕西师范大学出版总社有限公司, 2025. 4. -- ISBN 978-7-5695-5596-7

Ⅰ. G641

中国国家版本馆 CIP 数据核字第 202558WD30 号

高校思想政治理论课教学改革与智慧课堂构建研究

GAOXIAO SIXIANG ZHENGZHI LILUNKE JIAOXUE GAIGE YU ZHIHUI KETANG GOUJIAN YANJIU

孙凤兰　著

出 版 人　刘东风
出版统筹　杨　沁
责任编辑　段　静
责任校对　曹小荣
特约编辑　杨梦卓
封面设计　沈　莹
出版发行　陕西师范大学出版总社
（西安市长安南路 199 号　邮编　710062）
网　　址　http://www.snupg.com
印　　刷　三河市南阳印刷有限公司
开　　本　710 mm×1000 mm　1/16
印　　张　11.25
字　　数　225 千
版　　次　2025 年 4 月第 1 版
印　　次　2025 年 4 月第 1 次印刷
书　　号　ISBN 978-7-5695-5596-7
定　　价　60.00 元

作者简介

孙凤兰，女，1979 年 12 月生人。毕业于苏州大学马克思主义哲学专业，博士研究生，研究方向为思想政治教育、马克思主义理论，现任职于南京体育学院，副教授。先后在《湖北大学学报（哲学社会科学版）》《北方论丛》《教育教学论坛》《金融理论与教学》等期刊上发表论文多篇。

前　言

高等教育作为推动国家发展和社会进步的重要基石，承担着培养高素质人才、传承和创新文化、服务国家和社会的重要使命。高校思想政治理论课（本书称“高校思政课”，若无特殊说明，“思政课”均指“高校思政课”）作为高等教育体系中的重要组成部分，更是肩负着引导学生树立正确的世界观、人生观和价值观，培养德智体美劳全面发展的社会主义建设者和接班人的重任。然而，随着信息化技术的快速发展和经济全球化的深入推进，高校思政课面临着前所未有的机遇和挑战。一方面，信息化技术为思政课教学提供了新的手段和平台；另一方面，经济全球化带来的多元文化和价值观念冲击着学生的思想。同时，新时代对学生的思想政治素质提出了更高的要求，但当前高校思政课教学中仍存在一些问题，影响了思政课的教学效果和学生的参与度。因此，进行高校思政课教学改革已成为当务之急。本书基于这样的背景，对高校思政课教学改革进行了全面而深入的探讨。

全书共分为8章，内容涵盖了高校思政课的多个方面。第一章首先阐述了高校思政课的内涵与特点，明确了思政课在高等教育中的地位和作用。其次，通过回顾高校思政课的历史发展轨迹，揭示了思政课的改革历程，以及在不同历史时期所承担的使命和任务。最后，总结了高校思政课的基本任务，即培养学生的思想政治素质、道德品质和社会责任感，并强调了思政课教学改革的重要意义。第二章分析了高校思政课教学改革的困境、机遇与挑战，指出了当前思政课教学改革面临的困境、机遇和挑战。困境主要包括教学内容与实际脱节、教学方法单一等问题；机遇来自信息化技术的发展和经济全球化的推进；挑战则来自多元文化和价值观念的冲击以及新时代对学生思想政治素质的高要求。同时，本章还探讨了应对这些时代要求的教学策略和改革方向。第三章探讨了高校思政课教学改革的理论基础，包括改革的基本理论、基本理念和基本原则。基本理论部分阐述了思政课教学改革所依据的教育学、心理学等学科理论；基本理念部分提出了以学生为中心、注重实践教学等改革理念；基本原则部分则明确了改革应遵循的科学性、系统性、针对性和实效性等原则。第四章针对高校思政课教学方法存在的问题，提出了改革的形势、依据、路径与优化策略。形势部分分析了当前高校思政课教学改革的迫切性和必要性；依据部分阐述了改革所依据的教育理念和教学目标；路径与优化策略部分则提出了采用案例教学、讨论式教学等多元化教学方法，以及利用信息技术手段提高教学互动性和趣味性的具体策略。第五章分析了当前高校思政课教学的基本模式，回顾了高校思政课教学模式的改革历程。在此基础上，提出了改革路径与优化策略，如构建线上线下相结合的教学模式、翻转课堂等新型教学模式，以提高教学的灵活性和针对性。同时，本章还探讨了如何根据不同专业、不同层次学生的需求，灵活选择和应用教学模式。第六章梳理了高校思政课教学评价的发展历程，分析了当前评价体系存在的问题。在此基础上，提出了改革的原则，如注重过程评价、多元化评价等。同时，给出了改革路径与优化策略，如建立学生自评、互评和教师评价相结合的多元化评价体系，以及利用信息技术手段提高评价的客观性和准确性。第七章聚焦高校思政课智慧课堂的教学艺术。首先探讨了智慧课堂的备课艺术，包括如何利用信息技术手段准备教学资源和设计教学活动等内容；其次阐述了授课艺术，如如何运用智慧课堂平台进行互动式教学、如何激发学生的学习兴趣和积极性；最后介绍了组织管理艺术，如如何建立有效的课堂管理机制、如何保障智慧课堂的顺利进行。第八章对高校思政课智慧课堂与传统课堂进行了比较，分析了智慧课堂的优势和特点。在此基础上，阐述了智慧课堂构建的重要价值，如提高教学效率、增强教学效果等；提出了智慧课堂构建的基本策略，如加强信息化建设、培养教师信息技术应用能力、完善智慧课堂管理制度等。

在撰写本书的过程中，笔者汲取了诸多前人的智慧结晶，在此致以诚挚的谢意，衷心期盼本书能在读者的学习征途与工作实践中发挥重要的作用。探索知识的征途遥远漫长，本书难免存在瑕疵，恳请广大读者不吝赐教，予以斧正。

孙凤兰
2025 年 1 月

目　录

第一章　绪论

高校思政课作为高等教育的重要组成部分，不仅承载着对学生进行思政教育的主渠道功能，更是培养德智体美劳全面发展的社会主义建设者和接班人的关键课程。本章将从高校思政课的内涵与特点出发，梳理其历史发展脉络，明确其基本任务，并深入探讨其教学改革的意义。通过深入分析，我们将揭示高校思政课在落实立德树人根本任务、提高学生思想政治素质和理论素养、培养担当民族复兴大任的时代新人等方面的重要作用。

第一节　高校思想政治理论课的内涵与特点

一、高校思想政治理论课的内涵

高校思政课作为对学生进行思政教育的主渠道，肩负着培养新时代社会主义建设者和接班人的重任，是每位学生的必修课程。高校思政课的内涵丰富、意义深远，这不仅体现在课程内容的广度与深度上，更体现在对学生的全方位塑造上。以下将从多个维度深入理解其内涵。

（一）政治教育、思想教育与品德教育的融合

1. 政治教育：坚定政治立场，增强自信

政治教育是高校思政课的核心，旨在通过对马克思主义理论等内容的教学，引导学生树立正确的政治方向，坚定政治立场，增强自信。高校思政课通过讲解马克思主义基本原理、中国特色社会主义理论体系和实践成果等内容，帮助学生深刻理解其优越性和必然性，增强学生的政治认同。

政治教育注重将理论与实践进行结合，通过组织政治活动、社会调研等，让学生亲身体验政治生活，增强政治参与意识和能力；同时，培养学生的批判性思维，使其学会用马克思主义立场、观点、方法分析社会现象。

2. 思想教育：塑造世界观、人生观和价值观

思想教育是高校思政课的重要组成部分，旨在帮助学生树立科学的世界观、人生观和价值观。世界观、人生观和价值观对一个人的思想品质、道德情操和行为方式具有决定性影响。

高校思政课通过讲授马克思主义哲学、伦理学等，引导学生正确认识世界和人生，形成正确的世界观和人生观；同时，培养学生的价值判断能力，让学生形成正确的价值观，使学生学会在多元价值观中做出正确选择。思想教育使学生更理性地看待人生、面对挑战，形成积极向上、勇于担当的精神风貌。

3. 品德教育：强化修养，培养责任

品德教育是高校思政课不可或缺的一部分，强调提升学生的品德修养和社会责任感。课程通过讲解道德规范、伦理原则，引导学生树立正确的道德观念和行为准则。

实践教学是品德教育的重要环节，包括志愿服务、社会公益等，可以让学生在实践中感受帮助他人、服务社会的意义。这些活动能使学生更深刻地理解社会责任感，自觉承担起对社会的责任。同时，高校思政课通过培养学生的自我约束能力和自律意识，引导他们在日常生活中遵守道德规范。

综上所述，政治教育、思想教育和品德教育相互关联、相互促进，共同构成了高校思政课的完整体系。

（二）马克思主义基本原理与思想品德教育的系统结合

高校思政课以马克思列宁主义、毛泽东思想、邓小平理论、“三个代表”重要思想、科学发展观、习近平新时代中国特色社会主义思想等为指导，构建了系统完整的课程体系，旨在全面培养学生的思想政治素养和道德品质。

1. 马克思主义基本原理概述

马克思主义基本原理是高校思政课的基石，包括马克思主义哲学、马克思主义政治经济学和科学社会主义。这些理论揭示了人类社会发展的客观规律，为人们提供了认识世界、改造世界的理论武器。高校思政课通过课堂讲授、讨论交流等方式，深入剖析马克思主义基本原理，帮助学生理解马克思主义立场、观点、方法，并引导学生将理论与实际结合起来。

2. 思想品德教育概述

思想品德教育是高校思政课的重要内容，旨在培养学生的道德品质、思想观

念和行为习惯。高校思政课通过讲解道德规范、伦理原则等，引导学生树立正确的道德观念。同时，培养学生的道德判断能力和实践能力，并注重其爱国情怀、集体主义精神和良好道德风尚的培养。

3. 高校思政课课程体系的系统性与完整性

高校思政课的课程体系系统完整，各门课程相互衔接、相互补充，形成有机整体。例如，马克思主义基本原理课程奠定了高校思政课的理论基础，毛泽东思想和中国特色社会主义理论体系概论课程阐述了毛泽东思想和中国特色社会主义理论体系，中国近现代史纲要课程能够帮助学生了解中国近现代历史进程，思想道德修养与法律基础课程能够培养学生的道德品质和法律意识，当代世界经济与政治课程能够引导学生关注国际形势，形势与政策课程能够传达党的路线方针政策。

这些课程相互关联，共同构成完整体系，使学生全面掌握马克思主义基本原理，树立正确的世界观、人生观和价值观，形成良好的道德品质和行为习惯，了解国际国内形势，增强政治敏锐性和鉴别力。

（三）理论与实践的紧密结合

高校思政课注重理论知识的传授，同时强调理论与实践相结合，旨在帮助学生将理论知识转化为实践能力，增强社会责任感和服务意识。

1. 理论教学：构建理论基础

理论教学是高校思政课的重要组成部分，通过课堂讲授、讨论交流等方式，系统阐述马克思主义基本原理和思想品德教育内容。教师引导学生深入理解这些内容，以掌握科学的世界观和方法论，培养思维能力和创新能力。

理论教学注重与学生的互动交流，鼓励学生主动提出疑问和见解，通过讨论交流拓宽思维视野，增强学习兴趣和动力。

2. 实践教学：转化实践能力

实践教学是高校思政课的另一重要组成部分，旨在通过社会实践、志愿服务、社会调查等活动，将理论知识转化为实践能力。通过实践教学，学生可以亲身体验社会生活，了解社会现象和实际问题，加深对理论知识的理解。

例如，社会实践让学生了解社会发展现状和趋势；志愿服务培养学生社会责任感和奉献精神；社会调查提高学生实践能力和创新能力。这些实践活动有助于培养学生的团队合作精神和社会适应能力。

3. 理论与实践相结合的教学模式

高校思政课采用理论与实践相结合的教学模式，实现了理论知识讲授与实践能力培养的有机结合。理论教学与实践教学相互补充、相互促进，共同构成完整的教学过程。

在理论教学中，教师系统阐述马克思主义基本原理和思想品德教育内容，引导学生将理论与实际结合起来，培养创新能力。在实践教学中，教师组织实践活动，引导学生将理论知识转化为实践能力，在实践中深化对理论知识的理解，提高实践能力和社会适应能力。

二、高校思想政治理论课的特点

高校思政课作为高等教育体系的重要组成部分，具有一系列鲜明的特点。以下将对这些特点进行详细阐述。

（一）思想性与人文性的统一

思想性是高校思政课的核心特征之一。这门课程将对学生思想意识的教育摆在突出位置，始终注重培养学生的思想政治素养。在教学过程中，教师坚持知识性服从思想性的基本原则，确保知识的传授始终服务于学生思想观念的塑造和价值观的引导。这意味着，在传授具体知识时，教师更加注重引导学生思考这些知识蕴含的思想内涵和价值意义，从而帮助学生形成正确的世界观、人生观和价值观。

思想性还体现在课程内容的设置上。高校思政课涵盖了马克思主义、毛泽东思想和中国特色社会主义理论体系等核心内容，这些内容都是经过历史检验的科学真理，对于培养学生的思想政治素养具有不可替代的作用。通过学习这些内容，学生能够深刻理解马克思主义立场、观点、方法，增强对中国特色社会主义道路的认同感和自信心。

与此同时，人文性也是高校思政课不可或缺的重要特征。这门课程注重人文关怀，以学生为本，关心学生的思想成长和全面发展。教学中，教师不仅关注学生的知识掌握情况，更关注学生的情感体验、心理状态和价值追求。他们通过倾听学生的声音、理解学生的需求、尊重学生的差异，营造一种温馨和谐、积极向上的课堂氛围，让学生在轻松愉悦的环境中茁壮成长。

人文性还体现在教学方法的运用上。高校思政课的教师善于运用启发式、讨论式、案例式等多种教学方法，引导学生积极参与课堂讨论和交流。在这种互动式教学中，学生能够充分表达自己的观点和想法，锻炼自己的思维能力和表达能力，同时也能够增进彼此之间的了解和友谊，形成团结互助、共同进步的良好风尚。

思想性与人文性的统一，使得高校思政课既能够传授科学知识、培养学生思维能力，又能够关注人文关怀、促进学生全面发展。这种统一性的实现，有助于培养学生的综合素质和全面发展能力，使他们成为既有深厚知识底蕴又有高尚道德情操的新时代青年。

（二）预设性与生成性的统一

预设性是高校思政课的重要特点。预设性主要体现为，教师在上课前做好充分的准备，明确教学目标、教学内容和教学方法，以确保教学活动的有序进行。此外，这种预设性不仅体现在对课程整体的规划和设计上，还体现在对每一堂课的具体安排和细节处理上。教师会根据课程大纲的要求和学生的实际情况，制订出详细的教学计划和方案，确保教学过程的针对性和实效性。

预设性的实现需要教师具备扎实的专业知识和教学技能。他们需要深入研究教材、了解学情、掌握教学方法和手段，才能够制订出符合实际、行之有效的教学计划。同时，教师还需要不断更新自己的知识结构和教学理念，以适应时代发展和学生需求的变化。

然而，仅仅依靠预设性是不够的。在教学过程中，教师还需要根据学生的反应和课堂的具体情况，灵活调整教学策略，实现教学过程的动态生成，这就是生成性的体现。生成性意味着教学过程不是一成不变的，而需要根据实际情况进行灵活调整和优化。

生成性的实现需要教师具备敏锐的观察力和判断力。他们需要密切关注学生的课堂表现、情绪变化和学习状态，及时发现并解决问题。同时，教师还需要具备丰富的教学经验和智慧，能够灵活应对各种突发情况和意外事件，确保教学的顺利进行。

预设性与生成性的统一，促使高校思政课既能够按照既定的计划和方案有序进行，又能够根据实际情况进行灵活调整和优化。同时，还有助于提高教学的针对性和实效性，增强学生的学习兴趣和主动性，促进教学质量的全面提升。

（三）重过程与重结果的统一

重过程是高校思政课教学的重要原则之一，主要是指注重教学过程的逐步展开，让学生在参与教学活动的过程中不断思考、学会发现，实现自身认识的进步与提升。这意味着，教师不仅要关注学生的学习结果，更要关注学生的学习过程和学习方法。他们通过引导学生积极参与课堂讨论、实践操作和社会实践等活动，让学生在实践中学习、在学习中实践，不断提高其综合素质和能力水平。

重过程的实现需要教师注重教学方法和手段的创新和运用。教师应根据学生的实际情况和需求，灵活运用多种教学方法和手段，如案例分析、模拟演练、实地考察等。同时，教师还需要注重培养学生的自主学习能力和创新思维意识，引导他们在学习过程中主动探索、勇于尝试、不断创新。

然而，仅仅注重过程是不够的，教师还需要关注学生的学习结果和成效，这就是重结果的体现。重结果意味着教师需要关注学生在政治素养、思想认识、意识水平等方面的进步和提升，确保教学活动取得预期的育人效果。

重结果的实现需要教师建立科学合理的评价体系和考核机制。他们需要根据课程目标和教学要求，制订出具体的评价标准和考核指标，对学生的学习成果进行全面、客观、公正的评价。同时，教师还需要注重反馈和激励机制的建立和运用，及时给予学生肯定和鼓励，激发他们的学习动力和积极性。

重过程与重结果的统一，使得高校思政课既注重教学的逐步展开和学生学习方法的培养，又关注学生的学习结果和成效评价；也有助于提高学生的综合素质和能力水平，促进教学质量的全面提升以及育人效果的实现。

（四）理论性与实践性的结合

理论性是高校思政课的本质特征之一。这门课程强调系统的马克思主义理论的学习，以帮助学生构建扎实的理论基础。通过学习马克思主义、毛泽东思想和中国特色社会主义理论体系等内容，学生能够深刻理解马克思主义基本原理，掌握科学的世界观和方法论。

理论性的实现需要教师注重教材的选择和运用。他们需要选择具有权威性、科学性和系统性的教材作为教学的主要依据，确保学生能够接触准确、前沿的理论知识。同时，教师还需要注重对教材的深入解读和阐释，帮助学生全面理解教材的内容和精神实质。

然而，仅仅依靠理论性是不够的。教学还需要注重将理论知识转化为实践能力，这就是实践性的体现。实践性意味着教师需要引导学生将所学的理论知识运用到实际生活中，通过实践活动增强学生的社会责任感和服务意识。

实践性的实现需要教师注重实践教学环节的设计和实施。他们需要根据课程内容和学生的实际情况，设计出具有针对性、可操作性和实效性的实践教学活动，如社会实践、志愿服务、实习实训等。同时，教师还需要注重实践教学过程的指导和管理，确保学生能够真正参与到实践活动中，并取得实实在在的成效。

理论性与实践性的结合，使得高校思政课既能够注重理论知识的传授和理论思维的培养，又能够注重实践能力的培养和实践经验的积累。这种结合的实现，有助于学生成为既有深厚理论功底又有丰富实践经验的新时代青年。

（五）系统性与融合性的结合

系统性是高校思政课的课程体系特征。高校思政课是一个完整的课程体系，各门课程之间相互联系、相互支撑，形成协同效应。这意味着，教师需要注重课程之间的衔接和协调，确保学生能够全面、系统地掌握思想政治理论的知识和技能。

系统性的实现需要教师注重课程内容的整合和优化，要对课程内容进行合理安排和精心设计，确保各门课程之间衔接紧密、逻辑清晰。同时，教师还需要注重教学方法和手段的创新运用，以提高课程的吸引力和感染力。

然而，仅仅依靠系统性是不够的。教学还需要注重将思政教育融入专业课程教学中，这就是融合性的体现。融合性意味着教师需要在专业课程教学中融入思政教育的元素和内容，以实现知识传授与价值引领的同频共振。

融合性的实现需要教师注重专业课程与思政课的相互渗透和融合。他们需要在专业课程教学中挖掘和提炼思政教育资源，如专业发展历程中的精神传承、行业规范中的道德要求等，并将其融入课堂教学中。同时，教师还需要注重跨学科教学团队的组建和合作，以共同探索思政教育与专业课程教学的有机融合之路。

系统性与融合性的结合，使得高校思政课既能够保持课程体系的完整性和系统性，又能够实现思政教育与专业课程教学的有机融合。这种结合的实现，有助于提高高校思政课的针对性和实效性，提高学生的综合素质和能力水平，培养德智体美劳全面发展的时代新人。

综上所述，高校思政课具有丰富的内涵和鲜明的特点。这些特点既体现了课程的本质属性和价值取向，也反映了教学的规律和要求。思想性与人文性的统一、预设性与生成性的统一、重过程与重结果的统一、理论性与实践性的结合以及系统性与融合性的结合，共同构成了高校思政课的独特魅力和优势。通过这些特点的实现，高校思政课能在培养社会主义建设者和接班人方面发挥不可替代的作用。高校思政课不仅能够传授科学知识、培养思维能力，还能够关注人文关怀、促进全面发展；不仅能够按照既定的计划和方案有序进行，还能够根据实际情况进行灵活调整和优化；不仅能够实现教学过程的逐步展开和学生学习方法的培养，还能够关注学生的学习结果和成效评价；不仅能够注重理论知识的传授和理论思维的培养，还能够注重实践能力的培养和实践经验的积累；不仅能够保持课程体系的完整性和系统性，还能够实现思政教育与专业课程教学的有机融合。因此，我们必须高度重视高校思政课的建设和改革，不断创新教学方法和手段，提高教学质量和效果，为培养全面发展的时代新人做出更大的贡献。

第二节　高校思想政治理论课的历史发展

高校思政课的历史发展脉络清晰，经历了初创与探索、恢复与重建、改革与规范、创新与发展等多个阶段。这一过程不仅反映了党和国家对高等教育事业的高度重视，也体现了高校思政课在培养社会主义建设者和接班人过程中的重要地位。

一、初创与探索阶段（1949—1977 年）

中华人民共和国成立后，面对百废待兴的局面，党和国家深知高等教育事业，尤其是思政教育，对于国家未来发展的重要性。因此，在这一时期，高等教育，特别是思政教育受到了高度重视。

（一）初创时期（1949—1956 年）

第一，政策引导与课程设立起步迅速。1949 年 9 月 29 日，中国人民政治协商会议第一届全体会议通过了《中国人民政治协商会议共同纲领》，为我国高等教育事业的发展指明了方向，也为思政教育的初步设立提供了政策依据。同年 10 月，华北人民政府高等教育委员会迅速响应，颁布了相关暂行办法，规定文法教育学院学生必修辩证唯物论和历史唯物论、新民主主义论等课程。

在这一政策的指引下，各高校积极响应，纷纷开设相关课程，组织教师编写教材，开展教学研究。教师热情饱满，努力将马克思主义理论与我国革命实践结合起来，为学生提供有深度、有实践指导意义的教学内容。学生也积极参与，通过讨论、辩论等形式加深理解。

第二，课程体系逐步完善。1952 年，教育部发出《关于全国高等学校马克思列宁主义、毛泽东思想课程的指示》，明确了高校思政课的建设方案。1956 年，教育部下发《关于高等学校政治理论课程的规定（试行方案）》，正式确定了高校思政课体系，旨在培养学生运用马克思主义理论分析和解决实际问题的能力。

（二）探索时期（1957—1977 年）

在初创时期的基础上，高校思政课进入了探索时期。这一时期，由于国内外形势的变化及经验的缺乏，高校思政课设置方案经历了多次调整。

1957 年，教育部要求全国各高校开设社会主义教育课程，以帮助学生认清社会主义制度的优越性。然而，这一调整导致课程内容庞杂，教学重点不突出，使学生的马克思主义理论素养培养受到影响。

1959 年，教育部再次调整，要求高校开设社会主义教育、哲学、中共党史和政治经济学四门政治理论课，以提高学生的思想政治素质和马克思主义理论素养。这一时期，高校思政课的设置方案经历了多次调整，各高校在积极响应的同时，也努力探索适合自身发展的思政教育模式。

总的来说，在初创与探索阶段，高校思政课建设虽然遇到了许多困难和挑战，但各高校和广大师生始终保持着对马克思主义的坚定信仰，积极探索适合自身发展的思政教育模式和方法，为我国培养了一大批具有马克思主义理论素养和革命精神的优秀人才。这些人才在后续的改革开放中发挥了重要作用，为我国的繁荣富强做出了巨大贡献。同时，这一时期的高校思政课也为后续的改革与发展提供了宝贵经验和教训。

二、恢复与重建阶段（1978—1995 年）

这一阶段，改革开放的春风吹遍了祖国的大江南北，也为高等教育事业的恢复与重建带来了前所未有的机遇。在这一历史转折点上，党和国家深刻认识到高等教育在培养社会主义建设者和接班人中的关键作用，尤其是思政教育对塑造青年学生世界观、人生观和价值观的重要性。因此，高校思政课在此时迎来了新的发展机遇，经历了恢复与重建的深刻变革。

（一）恢复与重建

1978 年，是中国历史上一个具有划时代意义的年份。这一年 4 月，全国教育工作会议在北京隆重召开，总结了过去的经验教训，并为未来教育事业的发展指明了方向。会议对高校马克思列宁主义课程和课时进行了重新设置，规定高校应开设哲学、政治经济学、中共党史三门课程作为思政课的核心内容。这一决定标志着高校思政课在经历了一段时期的动荡之后，正式恢复了其应有的地位和作用。

此后，各高校积极响应，加大课程建设和教学改革力度，努力提升思政课的针对性和实效性。教师积极探索新的教学方法和手段，注重理论与实践相结合，力求使课程内容更加贴近实际、贴近生活、贴近学生。同时，国家也加大了对高校思政课的支持和投入，组织专家编写教材、举办师资培训班，提高教师的教学水平和科研能力。

在恢复与重建阶段，高校思政课的课程内容逐渐丰富和完善，教学方法更加多样化和灵活化，学生的学习兴趣和积极性得到了有效激发。思政课成了高校课程体系中不可或缺的重要组成部分，为培养具有马克思主义理论素养和良好思想政治素质的优秀人才发挥了重要作用。

（二）“85 方案”的提出与实施

1985 年，随着改革开放的不断深入和社会主义现代化建设的全面推进，为了适应形势发展的需要，进一步提高思政课的针对性和实效性，中共中央在深入调查研究的基础上，出台了《中共中央关于改革学校思想品德和政治理论课程教学的通知》，提出了“85 方案”。

之后，高校思政课逐渐形成了“新四门”课程体系，即中国革命史、中国社会主义建设、马克思主义原理、世界政治经济与国际关系。这一调整不仅体现了课程内容的时代性和针对性，也更加注重培养学生的国际视野和全球意识。

在“85 方案”的指导下，各高校积极响应国家号召，根据自身的实际情况和特点，对课程内容、教学方法和考核方式进行了创新和探索。一些高校还开设了具有特色的选修课程或开展专题讲座，以丰富学生的知识和拓宽他们的视野。同时，国家继续加大对高校思政课的支持和投入，组织专家编写新教材、制定教学大纲和考试大纲，为课程教学和考核提供了有力保障。

在“85 方案”的实施下，高校思政课取得了显著成效。课程内容进一步丰富和完善，教学方法更加多样，学生的学习兴趣和积极性持续高涨。同时，学生的思想政治素质和法律素养也得到了明显提升，为他们的全面发展奠定了坚实基础。各高校还积极探索思政课与实践教学相结合的新模式，通过组织社会实践、志愿服务、校园文化活动等形式多样的实践活动，引导学生将所学知识运用到实际生活中，增强他们的社会责任感和使命感。此外，随着信息技术的不断发展和普及，高校思政课也开始尝试利用现代信息技术手段进行教学改革和创新。

总之，“85 方案”的提出和实施，是高校思政课发展史上的一个重要里程碑。它不仅标志着高校思政课教学改革的深入进行，也为后续的课程建设和教学改革

提供了有益借鉴和参考。在恢复与重建时期，高校思政课不断取得新的成就和突破，为培养具有马克思主义理论素养和良好思想政治素质的优秀人才做出了重要贡献。

三、改革与规范阶段（1996—2005 年）

随着改革开放的深入和社会主义市场经济体制的逐步建立，高校思政课面临着新的挑战和机遇。为适应新形势，党和国家对高校思政课进行了全面改革和规范。

（一）“98 方案”的出台及实施

1998 年，中宣部、教育部印发《关于普通高等学校“两课”课程设置的规定及其实施工作的意见》，提出了具有里程碑意义的“98 方案”。该方案对四年制本科的课程设置进行了全面调整，包括五门马克思主义理论课和两门思想品德课，以及必修的形势与政策课程等。

各高校积极响应，根据自身实际情况制订教学计划和实施方案。他们更新课程内容，组织专家编写新教材，探索新的教学方法和手段，将理论与实践进行结合。国家教育部门和各级教育部门也加大了支持和投入力度，提高教师教学水平，设立专项经费，加强课程评估和监管。

“98 方案”的实施取得了显著成效，提高了学生的思想政治素质和理论素养，激发了他们的学习兴趣和积极性。然而，随着时代发展，也逐渐暴露出了一些不足，如课程内容繁重、教学方法单一等，亟待进一步改革和创新。

（二）“05 方案”的提出及实践探索

2005 年，为贯彻党的十六大精神，《中共中央宣部教育部关于进一步加强和改进高等学校思想政治理论课的意见》提出了“05 方案”。与“98 方案”相比，“05 方案”更加注重课程的整合和精简，设置了 4 门必修课，开设了形势与政策课，并鼓励开设选修课。

各高校再次积极响应，对课程进行设置和调整。他们整合和精简课程内容，修订和完善教材，探索创新的教学方法和手段，如课堂讨论、专题讲座、网络教学等。同时，加强课程评估和监管机制的建设，提高教学质量和效果。

“05 方案”的实施同样取得了显著成效，提高了学生的综合素质和创新能力。各高校在实践探索中也积累了丰富的经验并取得丰硕的成果，如通过社会实践、志愿服务等活动引导学生将所学知识运用到实际生活中。

然而，“05 方案”也面临着新的挑战和机遇，如如何进一步整合和精简课程内容、创新教学方法和手段、完善课程评估和监管机制等。这些问题需要各高校在未来的改革和发展中不断探索和创新来解决。

四、创新与发展阶段（2006 年至今）

进入新世纪以来，国内外形势发生了深刻变化，对高等教育也提出了更高的期望。在这一背景下，高校思政课迎来了创新与发展的新阶段，逐步形成了具有中国特色的思政教育体系，为培养高素质人才提供了坚实的思想保障。

（一）课程体系的完善

在“05 方案”奠定的坚实基础上，高校思政课不断完善其课程体系，力求更加科学化、系统化。教材建设方面，各高校组织专家学者对教材进行持续修订和更新，确保教材内容紧跟时代步伐，反映党的最新理论成果和实践经验。师资队伍建设方面，通过加强教师培训、引进优秀人才等措施，建立了高素质、专业化的思政课教师队伍。教学方法改革方面，鼓励教师创新教学方式，提高教学的针对性和实效性。同时，高校还积极推动思政教育与专业课程教学的有机融合，将思政元素融入专业课程中，实现知识传授与价值引领的同频共振，使学生在学习专业知识的同时，也能接受思政教育。

（二）教学内容的创新

随着中国特色社会主义事业的蓬勃发展，高校思政课的教学内容也在不断创新。各高校紧跟时代步伐，及时将党的最新理论成果和实践经验融入教学中，使学生能够及时了解党的路线方针政策，增强政治认同感和使命感。例如，2023 年中宣部、教育部联合发文，在保持原有课程的基础上，全国本科和高职院校增设习近平新时代中国特色社会主义思想概论必修课程。这一课程的增设进一步丰富了高校思政课的教学内容，使学生能够更加系统地学习党的最新理论成果，坚定理想信念，提高政治素养。

（三）教学方法的改革

为了适应新时代学生的学习特点和需求，高校思政课在教学方法上进行了大胆的创新和改革。教师不再局限于传统的讲授式教学，而是运用启发式、讨论式、案例式等多种教学方法，促使学生在参与中思考、在讨论中成长。同时，各高校还充分利用互联网、大数据等现代信息技术手段，拓展教学空间和渠道，打造线上线下相结合的教学模式，使学生可以随时随地学习思政知识。此外，加强实践教学环节的设计和实施也是高校思政课教学方法改革的重要体现。通过组织社会实践、志愿服务等活动，提高学生的社会实践能力和创新意识，使他们在实践中感悟真理、锤炼品质。

第三节 高校思想政治理论课的基本任务

在新时代背景下，面对复杂多变的国内外形势，高校思政课的基本任务显得尤为重要和紧迫。本节将深入探讨高校思政课的基本任务，从落实立德树人根本任务、全面提高学生的思想政治素质和理论素养、培养担当民族复兴大任的时代新人、推进党和国家事业发展、把握高等院校发展方向以及加强和改进学生思政教育等多个方面展开论述，以期为新时代高校思政课建设提供理论参考和实践指导。

一、落实立德树人根本任务

立德树人，作为大学培养人才的灵魂与核心，亦是高校思政课的崇高使命。正如 2019 年 3 月习近平总书记在学校思想政治理论课教师座谈会上所强调的："思政课是落实立德树人根本任务的关键课程，思政课作用不可替代，思政课教师队伍责任重大。"这一论断不仅深刻凸显了思政课在高等教育体系中的独特地位与不可替代的作用，更为新时代高校思政课的建设与发展指明了前进的方向。

高校思政课以系统的马克思主义理论教育为基石，引领学生树立正确的世界观、人生观和价值观。在高校思政课教学过程中，教师不仅传授知识，更致力于培养学生的实践能力、创新精神和批判性思维，旨在塑造出有理想、有道德、有文化、有纪律的新时代青年。

（一）树立正确的世界观、人生观、价值观，奠定人生基石

高校思政课通过阐述马克思主义的世界观，引领学生探究世界的本质与规律，洞悉人类社会的发展脉络与未来趋向。历史唯物主义与辩证唯物主义的熏陶，使学生明晰个人与社会、自然的和谐共生之道，从而树立起科学的世界观。

在人生观的塑造上，思政课引导学生深思人生的意义与价值，助力他们明确人生目标与追求。革命先烈的英勇事迹与优秀人物的成长轨迹，如灯塔般照亮学生的前行之路，激发他们的奋斗精神与奉献精神，推动他们树立正确的人生观。

价值观的培养则是思政课的重要一环。通过了解社会主义核心价值观，学生

能够做出正确的价值判断与价值选择。社会主义道德规范与法律法规的讲解，更是提升了学生的道德素养与法治意识，使他们在价值观方向的选择上更加坚定与明晰。

（二）培育道德品质，铸就人格魅力

诚信是中华民族的传统美德，亦是个人安身立命之本。思政课通过阐述诚信的重要性，引导学生树立诚信意识，践行言行一致、诚实守信的准则。

责任感是个人成长与社会进步的驱动力。思政课通过讲解社会责任感、家庭责任感与个人责任感等的内涵，培养学生的责任意识，使他们勇于承担自己的责任与义务。

奉献精神是中国共产党人的鲜明底色和精神特质。思政课通过讲述革命先烈的英勇事迹与优秀人物的奉献情怀，激发学生的奉献热情，使他们愿意为社会和他人贡献自己的力量。

（三）增强法治观念，筑牢法治基石

法律知识教育是思政课的重要组成部分。通过介绍国家法律法规与规章制度，学生得以了解法律的基本内容与要求，从而增强法律意识。

法治精神的培养更是思政课的重中之重。通过阐述法治的重要性，可以引导学生树立法治观念，做到遵纪守法、依法办事。

法律实践能力的提升则是思政课实践教学的亮点。通过模拟法庭、法律咨询等方式，学生可以亲身体验法律实践的过程，使法律素养与实践能力得到显著提升。

（四）注重能力培养，造就全面发展之才

实践能力、创新精神与批判性思维是现代社会对人才的全新要求。思政课通过实践教学、社会调查等方式，让学生亲身参与实践活动，从而使其实践能力与社会责任感得到增强。创新精神的培养则需要思政课鼓励学生敢于提出新观点、新方法。批判性思维的培养更是思政课的重要使命。通过引导学生利用马克思主义立场、观点、方法分析问题、解决问题，他们的批判性思维与独立思考能力将得到显著提升。

二、全面提高学生的思想政治素质和理论素养

高校思政课肩负着全面提高学生思想政治素质与理论素养的崇高使命。它不

仅要讲授马克思主义、毛泽东思想和中国特色社会主义理论体系，更需引导学生深刻理解党的路线方针政策，从而增强他们的政治认同感和理论自信。

（一）奠定理论基石，传承思想火炬

思政课通过系统阐述马克思主义的世界观、方法论和历史观，为学生奠定理论基石。通过深入研读马克思主义经典著作，学生可以学会以马克思主义立场、观点、方法审视问题、破解难题。同时，思政课详细介绍毛泽东思想和中国特色社会主义理论体系的发展历程与核心要义，让学生深刻理解其本质特征和独特优势。通过深入学习毛泽东思想、邓小平理论、“三个代表”重要思想、科学发展观及习近平新时代中国特色社会主义思想，学生得以深刻领会中国特色社会主义理论体系的精髓和实践要求。

（二）明晰党的路线，把握时代脉搏

思政课通过进一步阐明党的政治路线、思想路线、组织路线和群众路线，帮助学生明确奋斗目标与前进方向。通过深入探究党的历史经验与现实需求，学生得以坚定政治立场，找准人生航向。思政课还详细介绍党的路线方针政策，让学生了解党在不同历史时期和领域的工作重点与要求。深入学习党的路线方针政策，可以激发学生积极参与国家建设的热情。同时，通过分析党的具体政策措施及其实施效果，学生得以直观感受国家建设和社会发展的实际成就与进展。

（三）增强政治认同，坚定理论自信

思政课通过展示中国特色社会主义政治制度及其发展成就，增进学生对中国共产党领导和中国特色社会主义的政治认同。深入学习党的历史和现实要求，使学生更加明确自己的政治立场和前进方向。同时，思政课通过阐述马克思主义基本原理和中国特色社会主义理论体系的重要内涵，增强学生的理论自信。深入学习党的理论创新成果和实践要求，能够使学生坚定信仰、追求真理。

（四）培养辩证思维，激发批判精神

思政课注重培养学生的辩证思维能力，通过介绍辩证唯物主义的基本原理和方法论，引导学生学会用辩证的眼光看待问题、分析问题、解决问题。同时，思政课鼓励学生运用马克思主义立场、观点、方法独立思考、独立判断，激发他们的批判精神。通过提出新观点、新方法，可以激发学生的创新意识和创新能力，使他们在思辨中成长、在创新中前行。

（五）注重理论知识与实践相结合

高校思政课作为培养学生思想政治素质的重要环节，其目标不仅是传授理论知识，更重要的是引导学生将所学知识应用于实践，形成正确的世界观、人生观和价值观。因此，注重理论知识与实践相结合是高校思政课教学的重要原则。

在实践中，这一原则要求教师不仅要讲授理论知识，还要组织学生参与各种实践活动，如社会调查、志愿服务、实习实训等。通过这些活动，学生可以亲身体验社会发展的实际情况，了解国情、民情，增强社会责任感和使命感。

同时，理论知识与实践相结合也有助于提高学生的综合素质和能力。在实践中，学生需要运用所学知识去分析问题、解决问题，这可以锻炼他们的思维能力和创新能力。此外，实践还可以培养学生的团队协作精神、沟通能力和组织协调能力等，这些都是未来社会发展所需要的重要素质。

三、培养担当民族复兴大任的时代新人

高校思政课肩负着培养担当民族复兴大任的时代新人的崇高使命。这要求思政课不仅要传授知识，更要着重锤炼学生的实践能力、激发其创新精神，并培育学生强烈的社会责任感。

（一）培育家国情怀，拓宽全球视野

家国情怀是个体对国家和民族深沉的爱与责任。思政课通过讲述国家和民族的历史文化、现实挑战与未来展望，滋养学生的家国情怀。思政课引导学生关注国家发展大局，思考民族命运，点燃他们的爱国热情，增强民族自豪感。同时，思政课还致力于拓宽学生的全球视野，通过剖析全球政治经济形势，解读国际关系，让学生紧跟世界发展趋势，深入理解国际热点问题，提升他们的国际认知与理解力。

（二）锤炼团队精神，培养领导能力

团队精神是在集体中协作共赢的宝贵品质。思政课通过小组合作、团队项目等实践活动，让学生学会与他人沟通、协作，共同完成任务，从而锤炼他们的团队精神，增强社会适应能力。领导能力则是引领团队前行的关键。思政课通过角色扮演、团队领导等活动，引导学生学会制订计划、组织资源、激励团队，逐步培养他们的领导能力，提升组织协调才能。

（三）鼓励社会实践，开展志愿服务

社会实践是思政课的生动课堂。通过暑期社会实践、社区服务等活动，让学生亲身体验社会生活，直面现实问题，从而提高他们的实践能力和社会责任感。志愿服务则是奉献精神的体现。思政课组织学生参与支教、环保等志愿服务活动，让学生在服务中感受喜悦与成就，培养他们的奉献精神和社会责任感。

（四）提升组织协调能力，强化社会实践能力

组织协调能力是在集体中协调各方、完成任务的重要能力。思政课通过团队项目、社会调查等活动，引导学生学会协调资源、完成任务，提升他们的组织协调能力和社会适应能力。社会实践能力则是将所学知识运用于实际的关键。思政课通过社会实践活动和志愿服务，让学生学会运用知识技能解决实际问题，增强他们的社会实践能力和创新能力。

（五）采取具体措施，培育时代新人

为更好地培育时代新人，思政课采取了一系列具体措施。开设关乎国家发展、民族复兴的专题课程，让学生深入了解国家和民族的历史文化与现实要求，进一步培育学生的家国情怀和全球视野。组织丰富多彩的社会实践活动和志愿服务活动，让学生亲身体验社会生活，提高实践能力和社会责任感。引入具体案例进行分析讨论，帮助学生理解理论知识的应用和实践要求，提升分析能力和判断能力。同时，加强师生之间的互动交流，及时了解学生的思想动态和需求变化，调整教学策略和方法，提高思政课的针对性和实效性。

四、推进党和国家事业发展

高校思政课作为推进党和国家事业发展的前沿阵地，承载着将党的理论、政策、理想信仰深植学生心中的重任。通过思政课的熏陶，这些宝贵的精神财富得以内化为学生的思想基石，外化为他们的行动指南。

（一）融合最新理论成果与实践经验，丰富教学内容

党的最新理论成果，是党和国家事业发展的灯塔和航标。思政课紧跟时代步伐，及时将这些理论瑰宝融入教学，助力学生深刻理解党的实践要求，从而增强他们的政治认同与理论自信。同时，思政课还注重挖掘党的实践经验，将其作为生动教材，让学生直观感受党和国家事业发展的辉煌成就与坚实步伐，进而提升他们的实践能力与社会责任感。

（二）深化党的路线、方针、政策理解，促进实践应用

思政课深入剖析党的路线、方针、政策，引领学生把握其精神实质与核心要求。通过系统学习，学生得以明确政治立场，坚定前进方向。更重要的是，思政课强调理论与实践的紧密结合，引导学生将所学知识运用于对实际问题的解决中，使他们在实践中锤炼能力，增强社会责任感。

（三）培育政治觉悟与公民意识，筑牢思想根基

政治觉悟是个体对政治体系的深刻认知与坚定信念。思政课着力培养学生的政治觉悟，使他们深刻认识到党和国家事业发展的重大意义与紧迫任务，从而激发他们投身其中的热情与决心。同时，思政课还注重培育学生的公民意识，让他们明白作为公民的责任与义务。

（四）引导参与政治生活与社会治理，提升实践能力

思政课鼓励学生积极参与政治生活与社会治理活动，让他们在实践中亲身体验政治生活的丰富多彩与社会治理的复杂多变。通过参与政治生活，学生得以提升政治素养与社会责任感；通过社会治理实践，他们得以锻炼社会治理能力与社会适应能力，为未来的全面发展奠定坚实基础。

（五）发挥思政课独特作用，推动党和国家事业发展

思政课是传播党的理论和政策的重要阵地。通过思政课的教学与传播，广大学生得以深入了解党的理论和政策，坚定政治信仰与理论自信。同时，思政课还是培养高素质人才的重要途径。它助力学生提升思想政治素质与理论素养，为党和国家事业发展输送源源不断的优秀人才。此外，思政课更是推动社会进步的重要力量。它激发学生的创新意识与奉献精神，鼓励他们为社会进步贡献青春力量。

五、把握高等院校发展方向

高校思政课在把握高等院校发展方向上扮演着至关重要的角色。它不仅承担着解决学生思政问题的重任，更致力于塑造学生的世界观、人生观和价值观，全面提升他们的道德品质、思维能力、政治觉悟与人文素养。

（一）培育综合素质，激发创新活力

综合素质是学生多方面能力与素养的综合体现。思政课应着重培养学生的综合素质，涵盖道德品质、法治观念及社会责任感等诸多方面。丰富多彩的培养活动，可助力学生成长为德智体美劳全面发展的社会主义建设者和接班人。同时，创新

能力是个体在解决问题与完成任务过程中展现出的创新思维与实践能力。思政课应鼓励学生提出新观点、新方法，激发学生的创新意识，为社会发展注入新活力。

（二）引导自主学习，树立终身学习理念

自主学习是学生在无外部监督下主动求知的能力。思政课应教授学生自主学习的方法与技巧，提升学生的自主学习与自我管理能力。终身学习则是个体一生持续求知的能力。思政课应引导学生树立终身学习的理念，使他们在不断变化的社会环境中保持竞争力与适应能力。

（三）促进跨学科融合，发挥协同效应

跨学科融合是学生在多个学科领域间进行交叉融合与创新的能力。思政课应与其他学科相结合，开展教学与科研活动，提升学生的综合素质与创新能力。同时，思政课应注重与其他学科形成协同效应，共同育人，推动高等院校的全面发展与社会进步。

（四）全面推动高等院校发展

人才培养是高等院校的核心任务。思政课应致力于培养德智体美劳全面发展的社会主义建设者和接班人，为党和国家事业发展提供坚实的人才支撑。学科建设是高等院校的重要支撑，思政课应与其他学科携手，共同推动学科建设与发展，提升高等院校的学术水平与综合实力。此外，社会服务是高等院校的重要职责，思政课应引导学生积极参与社会服务活动，增强他们的社会责任感与公民意识，为社会发展贡献青春力量。

六、加强和改进学生思政教育

高校思政课作为加强和改进学生思政教育的主阵地，承载着深入开展理想信念教育、爱国主义教育、基本道德规范教育等核心使命。它引导学生树立正确的世界观、人生观、价值观，塑造良好的道德品质和文明行为，为培养全面发展的新时代人才奠定坚实基础。

（一）创新教学方法，激发学习热情

创新教学方法是提高思政课教学质量的关键。高校应注重采用启发式、探究式、讨论式等多元化教学手段，通过教学方法的创新，点燃学生的学习热情，激发他们的求知欲。同时，充分利用现代信息技术和多媒体教学工具，使思政课更加生动有趣，增强吸引力和感染力。

（二）兴趣与实践并重，提升学习积极性

思政课应紧密围绕社会热点和学生实际，引导学生关注身边事，通过兴趣引导，激发他们的学习动力。此外，实践教学和社会调查是不可或缺的一环，让学生亲身体验国家发展所取得的伟大成就，感受社会发展的脉搏，可以增强爱国情感和民族自豪感。

（三）强化互动交流，把握思想脉搏

师生互动、生生互动是思政课教学的重要环节。高校应加强师生之间的沟通交流，及时了解学生的思想动态和需求变化，以便及时调整教学策略。同时，通过小组合作学习、团队项目等形式，培养学生的团队合作精神和领导能力，使思政课更加贴近学生实际。

（四）动态监测需求，灵活调整策略

建立学生思想动态监测机制和需求变化反馈机制，是思政课教学的重要保障。通过定期监测和反馈，教师可以及时了解学生的思想状况和需求变化，为教学策略的调整提供科学依据。这样，思政课才能更加贴近学生实际，满足他们的成长需求。

（五）创新教学方法，提高教学实效

根据学生的思想动态和需求变化，及时调整教学策略和方法，是思政课教学的必然要求。我们应不断探索新的教学方法和手段，提高思政课的针对性和实效性。通过方法创新，激发学生的学习兴趣和积极性，使思政课更加生动有趣，富有成效。

为加强和改进学生思政教育，高校可以采取一系列具体措施。开设专题课程，深入讲解理想信念、爱国主义、基本道德规范等核心内容；组织实践活动，让学生亲身体验国家发展所取得的伟大成就；引入案例教学，帮助学生理解理论知识的应用和实践要求；加强师生互动，及时了解学生思想动态，调整教学策略。

高校思政课的任务是多方面的，它既要落实立德树人根本任务，全面提高学生的思想政治素质和理论素养；又要培养担当民族复兴大任的时代新人，推进党和国家事业发展；还要把握高等院校发展方向，加强和改进学生思政教育。这些任务共同构成了高校思政课的核心使命和价值追求。

总之，高校思政课在高等教育中占据着举足轻重的地位。只有不断加强和改进思政课建设，才能更好地完成其基本任务，为培养德智体美劳全面发展的社会主义建设者和接班人贡献更大力量。

第四节　高校思想政治理论课教学改革的意义

高校思政课作为落实立德树人根本任务的关键课程，其教学改革的意义愈发凸显。本节从提升教学质量与效果、培养高素质创新型人才、推动高校思政课建设与发展、服务国家发展战略与全局以及适应时代发展需求等多个维度，深入探讨高校思政课教学改革的重要意义。

一、提升教学质量与效果，增强思政课吸引力

高校思政课教学改革的首要意义在于提升教学质量与效果，增强课程的吸引力和感染力。传统思政课教学模式往往侧重于理论灌输，缺乏互动性和实践性，难以激发学生的学习兴趣。通过教学改革，引入案例教学、实践教学等多种教学方法，可以使学生更加主动地参与到课堂学习中，提高教学质量和效果。

例如，采用案例教学法，将社会热点问题和历史事件融入课堂教学，可以让学生在分析案例的过程中深化对理论知识的理解；通过实践教学，组织学生参与社会调查、志愿服务等活动，可以让学生亲身体验社会现实，增强对理论知识的认同感和应用能力。此外，利用现代信息技术手段，如网络教学平台、虚拟仿真实验室等，也可以丰富教学手段，提高教学质量和效果。

二、培养高素质创新型人才，满足社会发展需求

高校思政课教学改革还承担着培养高素质创新型人才的重要任务。随着社会的快速发展和科技的日新月异，国家及社会对人才的需求也日益多样化、高层次化。思政课作为高等教育的重要组成部分，必须适应这一变化，通过教学改革培养具有创新精神和实践能力的高素质人才。

高校思政课教学改革应注重培养学生的批判性思维、创新能力和团队协作精神。例如，教师在课堂教学中鼓励学生提出新观点、新方法，培养他们的创新意识和探索精神；通过小组合作学习、项目式学习等方式，培养学生的团队协作能力和解决实际问题的能力；同时，注重理论知识与社会实践相结合，让学生在实践中锻炼成长，成为既懂理论又善实践的复合型人才。

三、推动高校思政课建设与发展，提升课程地位与影响力

高校思政课教学改革对推动高校思政课建设与发展具有重要意义。通过教学

改革，可以进一步完善思政课课程体系和教学内容，提高课程的针对性和实效性。

此外，高校思政课教学改革还可以提升思政课在高等教育中的地位和影响力，通过加强与其他课程的融合与渗透，形成协同育人的良好氛围；通过加强与社会各界的联系与合作，拓展思政课的实践平台和资源渠道。这些措施有助于形成全社会共同关心和支持思政课建设的良好局面，推动思政课在高等教育中的深入发展。

四、服务国家发展战略与全局，培养担当民族复兴大任的时代新人

高校思政课教学改革是服务国家发展战略与全局的重要举措。通过教学改革，我们可以进一步发挥思政课的思想引领和价值塑造作用，引导学生树立正确的世界观、人生观和价值观。同时，注重培养学生的爱国情怀、社会责任感和使命感，能够使他们成为担当民族复兴大任的时代新人。

例如，在思政课中加强中国特色社会主义理论体系教育，引导学生深刻领会中国特色社会主义的历史必然性、科学真理性和实践伟力；加强社会主义核心价值观教育，引导学生树立正确的价值观。此外，还可以结合国家重大战略部署和时事热点话题，开展专题教学和讨论活动，增强学生的国家意识和民族自豪感。

五、适应时代发展需求，创新思政课教学模式与方法

高校思政课教学改革是适应时代发展需求、创新思政课教学模式与方法的重要途径。随着信息技术的迅猛发展和经济全球化的深入推进，学生的思想观念和价值取向日益多元化和复杂化。思政课必须适应这一变化，通过教学改革创新教学模式和方法，提高教学的针对性和实效性。

例如，利用现代信息技术手段创新思政课教学模式和方法，如开发网络教学资源库、建设在线开放课程等；采用混合式教学模式，将线上教学与线下教学结合起来。这些措施有助于激发学生的学习兴趣和积极性，提高教学效率和效果。同时，还可以借鉴国外先进的教学理念和方法，结合中国实际进行本土化改造和创新应用。

综上所述，高校思政课教学改革在提升教学质量与效果、培养高素质创新型人才、推动高校思政课建设与发展、服务国家发展战略与全局以及适应时代发展需求等方面都具有重要意义。未来，高校将继续深化思政课教学改革探索与实践创新，为培养德智体美劳全面发展的社会主义建设者和接班人贡献智慧和力量。

第二章　高校思想政治理论课教学改革的困境、机遇与挑战

随着新时代教育改革的深入推进，思政课教学改革遇到一些困境，也面临着前所未有的机遇与挑战。本章首先分析了当前思政课教学改革的困境，从思想观念、课程内容、教学方法及制度保障等层面探讨了制约思政课教学改革深入发展的因素。随后，本章指出，尽管存在诸多困难，但信息技术的发展、经济全球化与文化多元化的深入推进、国家政策的明确导向及学生学习需求的变化，为思政课教学改革带来了前所未有的机遇。然而，机遇与挑战并存，本章还进一步探讨了思政课教学改革在社会环境变化、信息技术发展、学生群体特征变化、教师队伍建设、教学效果评估、课程体系与教学内容以及教学资源与平台建设等方面所面临的挑战。

第一节　高校思想政治理论课教学改革的困境

随着新时代教育改革的深入推进，高等教育体系正经历着前所未有的变革。在这一变革浪潮中，高校思政课作为落实立德树人根本任务的关键课程，其教学改革的重要性日益凸显。思政课不仅承担着传授马克思主义理论的重任，更是塑造学生正确世界观、人生观和价值观的重要环节。然而，在实际的教学实践中，高校思政课教学改革面临着一定困境。本节将从思想观念、课程内容、教学方法以及制度保障等多个维度，深入探讨这些困境，以期为思政课教学改革的深化提供有益参考。

一、思想观念层面的困境

在高等教育体系中，思政课作为培养学生思想政治素质的重要课程，其地位和作用不言而喻。然而，在实际操作中，思政课面临着思想观念层面的困境，

这些困境不仅影响了思政课的教学效果，也制约了高校思政教育工作的深入开展。

（一）重视程度不足：理论与实践的脱节

尽管高校常强调思政课的重要性，但在实际操作中，这种重视往往缺乏实质性的政策支持和资源投入，思政课在高校课程体系中的地位并未得到根本改变。这种现状导致思政课在教学资源分配上处于劣势，在师资配备、教学设施更新、教学经费划拨等方面都显得力不从心。同时，部分高校教师和学生对思政课的重视程度也不够，教师缺乏教学热情，学生则持轻视态度，认为只要通过考试即可。此外，社会对思政课也存在一些误解，将其视为缺乏实际意义的课程。

（二）教学理念落后：传统与现代的冲突

部分高校思政课的教学理念仍然停留在传统模式上，即以教师为中心、以教材为依据、以课堂为阵地。这种教学理念忽视了学生的主体性和差异性，导致教学缺乏针对性和实效性。在传统教学理念下，教师往往采用单向灌输的方式传授知识，缺乏与学生的互动和交流，使得学生的思维处于被动状态。

现代教育强调以学生为中心，注重培养学生的创新能力和实践能力，但在传统教学理念的影响下，思政课教学往往忽视了这一点。大学生正处于世界观、人生观、价值观形成的关键时期，他们的思想尚未完全成熟，思政课教学不仅是为了传授知识，更是为了引导学生树立正确的世界观、人生观和价值观。然而，在传统教学理念下，教师在教学中缺乏热情和耐心，只是简单地重复教材上的内容，忽视了对学生思想动态的关注和引导。

此外，传统的教学理念和方法还体现在教学内容的选择上。部分思政课教师过于依赖教材，缺乏对时事热点、社会现象的深入分析和探讨，使得思政课的教学内容与现实生活脱节。

现代社会信息爆炸、价值多元，大学生的思想更加开放、活跃，他们希望在课堂上获得更多的启发。因此，思政课教学必须与时俱进，更新教学理念和方法，注重培养学生的创新能力和实践能力。

综上所述，思政课在高等教育体系中面临着思想观念层面的困境。为了改变这种现状，我们必须从重视程度和教学理念两个方面入手，加强对思政课的重视和支持，更新教学理念和方法，提高思政课的教学效果和质量，以更好地培养高素质、高能力的人才，为社会的和谐发展和进步做出更大的贡献。

二、课程内容层面的困境

（一）教材内容滞后

思政课教材内容是教学的基础和依据，其质量和时效性直接影响到教学效果。然而，当前思政课教材内容往往滞后于时代发展和学生实际需求，其更新速度较慢，难以及时反映社会热点问题和时代变迁。同时，教材内容往往过于理论化、抽象化，缺乏生动案例和生活素材。这种教材内容上的滞后性和抽象性，难以引起学生的学习兴趣和共鸣，导致学生在学习中感到枯燥乏味。

此外，教材内容的编排和呈现方式也存在一定问题。部分教材内容过于繁杂冗长，缺乏条理性和逻辑性，导致学生在学习过程中难以抓住重点和难点。同时，教材内容的呈现方式往往过于单一，缺乏图表、图片等辅助材料，难以直观地展示知识点和案例。这种教材内容上的编排和呈现问题，进一步加剧了学生学习的厌倦情绪。

（二）内容不够多元化

思政课作为培养学生综合素质的重要课程，其内容应该多元化并具有包容性。然而，当前思政课教学内容过于侧重马克思主义基本理论等核心内容，忽视了中华优秀传统文化、社会热点问题、学生生活实际等多元化内容的融入。这种内容上的单一性和片面性，导致学生在学习中难以获得全面的知识和视野。

同时，思政课教学内容不够多元化也影响了其教学效果和吸引力。学生往往对与自己生活实际密切相关的内容更感兴趣，而当前思政课教学内容往往过于抽象化和理论化，难以引起学生的共鸣。这种内容上的脱节和缺失，导致学生在学习中缺乏积极性和主动性，难以取得预期的教学效果。

三、教学方法层面的困境

（一）教学方法单一

传统思政课往往采用灌输式、填鸭式等单一教学方法，教师讲、学生听，缺乏互动性和启发性。这种教学方法忽视了学生的主体性和差异性，难以激发学生的学习兴趣和积极性。学生在课堂上往往处于被动接受的状态，难以发挥自己的主动性和创造性。同时，这种单一的教学方法也导致了课堂氛围的沉闷和乏味，影响了教学效果和学生的学习体验。

为了改变这种现状，思政课教学方法需要更加注重多样性和创新性。一方面，要引入讨论式教学、案例教学等互动式教学方法，鼓励学生积极参与课堂讨论和交流，发表自己的观点和见解。另一方面，要利用现代信息技术手段，如多媒体教学、网络教学等，丰富教学形式和手段，提高教学的趣味性和吸引力。同时，还可以结合学生的专业背景和兴趣爱好，开展专题教学、实践教学等活动，增强学生的实践能力和综合素质。

然而，在实际教学中，部分教师虽然尝试采用新的教学方法，但由于缺乏系统培训和经验积累，教学效果并不理想。一些教师在采用讨论式教学方法时，往往难以引导和控制课堂讨论的节奏和方向，导致讨论偏离主题或陷入僵局。在采用案例教学方法时，部分教师难以选取合适的案例或难以将案例与理论知识结合起来，导致教学效果不佳。因此，加强思政课教师的培训和经验交流显得尤为重要。

（二）实践教学薄弱

实践教学是思政课教学的重要组成部分，对于提升学生的实践能力和综合素质具有重要意义。然而，当前思政课实践教学环节相对薄弱，缺乏系统规划，难以得到有效实施。部分高校虽然设置了实践教学环节，但由于资源有限、组织不力等，实践教学效果并不理想。

一方面，实践教学资源有限。部分高校由于资金、场地等限制，难以提供足够的实践教学资源和设施。同时，校外实践教学基地的建设和管理也存在一定困难，导致学生在实践教学中缺乏足够的实践机会。

另一方面，实践教学组织不力。部分高校在实践教学环节的组织和管理上存在疏漏和不足。实践教学计划往往缺乏科学性和合理性，难以与理论教学相衔接和协调。同时，实践教学过程中的监督和评估机制也不完善，难以确保实践教学的质量和效果。

为了加强思政课实践教学环节的建设和管理，高校需要采取一系列措施。一方面，要加大实践教学资源的投入和建设力度，提供更多的实践教学资源和设施。同时，要加强校外实践教学基地的建设和管理，为学生提供更多的实践机会和平台。另一方面，要完善实践教学计划和组织管理体系，确保实践教学的科学性和合理性。同时，要建立完善的实践教学监督和评估机制，确保实践教学的质量和效果。

四、制度保障层面的困境

（一）评价体系不完善

思政课教学质量评价体系是衡量教学效果和学生学习成果的重要标准。然而，当前思政课教学质量评价体系过于侧重学生的考试成绩和课堂表现等显性指标，如卷面分数、出勤率、课堂参与度等。这种单一的评价导向使得部分教师过于注重应试技巧的训练，忽视了对学生全面素质的培养。

同时，当前思政课教学质量评价体系也忽视了对学生思想品质、道德情操、价值观念等隐性指标的综合评价。思政课作为培养学生综合素质的重要课程，其教学效果不仅体现在学生的考试成绩和课堂表现上，更体现在学生的思想品质、道德情操和价值观念等方面。然而，当前评价体系往往难以对这些隐性指标进行有效评价和衡量，导致评价结果的片面性和不准确性。

为了完善思政课教学质量评价体系，高校需要采取一系列措施。一方面，要建立多元化的评价指标体系，既注重学生的考试成绩和课堂表现等显性指标，也关注学生的思想品质、道德情操和价值观念等隐性指标。同时，要采用多种评价方法和手段，如问卷调查、访谈、观察等，确保评价结果的全面性和准确性。另一方面，要加强对评价结果的反馈和应用。评价结果可以有效改进教学和提高教学效果。因此，高校需要加大对评价结果的反馈和应用力度，及时发现问题和不足，并采取相应的改进措施。

（二）师资队伍建设滞后

思政课教师是思政课教学改革的主体和关键。然而，当前部分高校思政课师资队伍建设存在滞后现象。师资队伍结构不合理，缺乏高素质、专业化的教师人才。一些高校思政课教师数量不足，难以满足日益增长的教学需求。同时，部分教师素质和能力有待提高，难以承担思政课教学改革的重任。

此外，高校在思政课师资队伍建设方面的投入也不足。部分高校对思政课教师的培训和进修缺乏足够重视和支持，导致教师难以更新教学理念和提高教学能力。同时，高校在思政课教师激励机制方面也存在不足，难以激发教师的教学热情和积极性。

综上所述，高校思政课教学改革面临着思想观念、课程内容、教学方法以及制度保障等多个方面的困境。为了摆脱这些困境，高校需要从多个方面入手，推动思政课教学改革的深入进行。

第二节　高校思想政治理论课教学改革的机遇

信息技术的飞速发展、文化多元化和经济全球化的深入推进，以及国家政策的明确导向，为思政课教学改革提供了前所未有的机遇。

一、信息技术的发展与应用带来的机遇

在当今这个信息化、数字化的时代，信息技术的发展日新月异，其影响已经渗透到社会的每一个角落，教育领域也不例外。信息技术的发展与应用为教育领域带来了前所未有的机遇，特别是在思政课教学方面，其影响尤为深远。下文将从线上教学平台的兴起、多媒体教学手段的丰富两个方面，详细探讨信息技术发展为思政课教学带来的机遇。

（一）线上教学平台的兴起：打破传统，开启教学新篇章

随着互联网技术的普及和深入发展，线上教学平台如雨后春笋般涌现，慕课、微课等新型教学形式逐渐成为教育领域的新宠。这些线上教学平台不仅打破了传统课堂的时空限制，更以其独特的优势，为思政课教学注入了新的活力。

传统思政课教学往往受限于教室的物理空间和时间安排，学生必须在规定的时间和地点参加课程学习。线上教学平台的出现则有效改变了这一状况，学生可以随时随地通过互联网进入教学平台，进行课程学习、讨论和交流。这种灵活性和便捷性极大地提高了学生学习的自主性和积极性，使他们可以根据自己的时间安排和学习进度，选择最适合自己的学习方式和节奏。

线上教学平台还提供了丰富多样的教学工具和互动方式，如线上讨论区、即时通信工具、在线测试等。这些工具不仅方便了学生与教师之间的沟通与交流，还使得教学过程更加生动有趣。学生可以在线上讨论区发表自己的观点，与其他学生进行思想碰撞；教师可以通过即时通信工具了解学生的学习情况，给予其个性化指导；在线测试则可以帮助学生检验学习成果，明确进步与不足。

此外，线上教学平台还为思政课教学提供了更丰富的教学资源。平台上的课程由国内外知名高校的优秀教师团队打造，内容涵盖思政课的各个方面，从基础理论到实践应用，从国内视角到国际视野。学生可以通过平台接触到更多元化的教学内容，拓宽知识视野和思维空间，培养跨文化交流能力和批判性思维。

线上教学平台汇聚了国内外众多高校的优质教学资源，包括课程视频、教学

课件、教案设计、习题库等。这些资源可以为教师所用，帮助他们更好地备课和授课。教师可以通过平台学习其他优秀教师的教学经验和方法，借鉴他们的教学理念和策略，提高自己的教学水平和质量。

同时，线上教学平台还促进了高校之间的资源共享与协同发展。不同高校之间可以通过平台进行合作与交流，共同开发课程资源、进行教学研究、举办学术活动等。这种跨校合作模式有助于整合各方优势资源，形成合力，推动思政课教学的创新与发展。

（二）多媒体教学手段的丰富：具象化理论，增强教学魅力

多媒体技术的快速发展为思政课教学提供了更多可能。传统的思政课教学以教师讲授为主，学生被动接受知识，教学方式单一枯燥。多媒体技术的引入则使得教学过程更加生动有趣，提高了教学的吸引力和实效性。

通过丰富的多媒体手段，教师可以将抽象的理论知识具体化、形象化。例如，在讲解马克思主义基本原理时，教师可以播放相关历史事件的视频资料，让学生直观感受马克思主义产生的历史背景；在讲解中国特色社会主义理论体系时，教师可以展示国家发展的数据图表和成果图片，让学生深刻体会中国特色社会主义的伟大成就。这种具象化的教学方式使理论知识更易于理解和接受，同时激发了学生的学习兴趣和好奇心。

多媒体技术还可以丰富课堂形式，提高教学的互动性和参与性。教师可以利用多媒体课件进行授课，通过图文并茂的展示方式吸引学生注意；还可以利用交互式电子白板进行课堂互动，让学生参与到教学过程中。此外，教师还可以借助多媒体技术进行在线教学直播、录播等，方便学生随时回顾和复习课程内容。

多媒体技术的应用还可以加强思政课教学与现实生活的紧密联系。教师可以引入社会热点问题、时事新闻等，引导学生关注社会现实，思考社会问题，培养他们的社会责任感和公民意识。同时，教师还可以鼓励学生利用多媒体技术进行社会实践和调研活动，如制作社会调查报告、拍摄微电影等，将所学知识运用到实际生活中，提高他们的实践能力和创新能力。

综上所述，信息技术的发展与应用为思政课教学带来了前所未有的机遇。线上教学平台的兴起打破了传统课堂的时空限制，汇聚了丰富的教学资源，提高了教学的灵活性和便捷性；多媒体教学手段的丰富使得教学过程更加生动有趣，增强了教学的吸引力和实效性。我们应该充分利用这些机遇和优势，不断探索和创新思政课教学的方式和方法，为培养具有较高思想政治觉悟的新时代人才贡献力量。

二、经济全球化与文化多元化带来的机遇

经济全球化深刻地影响着人们的生活、工作和学习方式。与此同时，文化多元化的深入推进，则为我们的世界增添了绚烂的色彩。对于思政课教学而言，经济全球化与文化多元化不仅带来了诸多挑战，更孕育着前所未有的机遇。

（一）丰富教学内容：拓宽国际视野，把握时代脉搏

在经济全球化的大背景下，文化多元化已成为一种不可逆转的趋势。不同文化之间的交流与融合，让学生有机会接触更多元、更包容的思想观念和价值体系。这对于思政课教学而言，无疑是一个极好的丰富和拓展教学内容的机会。

传统思政课教学往往侧重于理论知识的传授。然而，在经济全球化时代，这种单一的教学内容已难以满足学生的多元化需求。学生不再仅仅满足于书本上的知识，而是更渴望了解外面的世界，探寻不同文化的思想观念和价值体系。因此，高校可以积极吸收国际优秀文化成果，将其巧妙地融入思政课的教学内容中。

例如，在讲解马克思主义基本原理时，教师可以引入国际共产主义运动的历史脉络，让学生了解到马克思主义在不同国家、不同文化背景下的实践和发展路径。在讲解中国特色社会主义理论体系时，教师可以结合中国在国际舞台上的地位和角色，阐述中国特色社会主义在经济全球化进程中的独特贡献和影响力。这种将国际视野融入思政课教学内容的做法，不仅能够拓宽学生的知识视野，还能够培养他们的国际意识和跨文化交流能力。

同时，教师还可以将国内外最新的社会热点新闻和现实问题巧妙地融入思政教学内容中，引导学生关注社会现实。在经济全球化时代，社会问题已不再是单一国家或地区的问题，而是世界各国的共同挑战。例如，气候变化、环境污染、贫富差距等问题，都需要全球各国携手应对和解决。因此，教师可以将这些热点问题引入思政课，引导学生进行深入思考和热烈讨论。

通过引入社会热点问题，教师可以有效激发学生的学习兴趣，让他们更加积极地投入思政课的学习中。同时，教师还可以引导学生运用所学的理论知识去分析和解决这些现实问题，从而培养他们的实践能力和创新能力。例如，在讲解可持续发展理念时，教师可以引导学生探讨如何在日常生活中践行环保理念，减少资源浪费和环境污染；在讲解国际关系时，教师可以引导学生分析当前国际形势的复杂多变性和不确定性，以及中国在国际舞台上的角色和策略选择等。

此外，文化多元化还为思政课教学提供了丰富多样的教学资源和案例。不同文化背景下的思想观念和价值体系，为思政课教学提供了源源不断的素材和

案例。教师可以通过比较不同文化之间的差异和相似之处，引导学生深入思考人类社会的共同价值和普遍规律。例如，在讲解道德伦理时，教师可以引入不同文化背景下的道德观念和伦理规范，让学生了解到不同文化对正义、责任等概念的不同理解和诠释；在讲解政治制度时，教师可以比较不同国家的政治体制和治理模式，让学生了解到不同政治制度下的权力分配方式、决策过程和民主机制等。

（二）创新教学方法：激发学习兴趣，促进民主对话

经济全球化和文化多元化不仅为思政课教学内容的丰富提供了契机，还为教学方法的创新带来了无限可能。在经济全球化时代，信息技术的飞速发展和新媒体的广泛普及，使得教学方式和方法发生了翻天覆地的变化。教师可以充分利用这些新技术和新媒体，创新思政课的教学方法，激发学生的学习兴趣。

小组讨论是一种行之有效的教学方法。通过小组讨论，学生可以就某个话题或问题进行深入交流和探讨，分享彼此的观点和看法。这种教学方法不仅能够锻炼学生的表达能力和沟通能力，还能够培养他们的团队协作精神和批判性思维。在思政课中，教师可以就某个社会热点问题或理论观点组织学生进行小组讨论，引导他们从不同角度、不同层面进行分析和思考，从而培养他们的多元思维能力和综合素质。

案例分析也是一种常用的教学方法。通过案例分析，学生可以将所学的理论知识应用到实际案例中，加深对知识的理解。在思政课中，教师可以选取一些具有代表性的案例，如国际政治事件、社会热点问题等，引导学生进行分析和讨论。通过案例分析，学生可以了解到理论知识在实际生活中的应用和价值，从而培养他们的实践能力和解决问题的能力。

角色扮演是一种富有创意和趣味性的教学方法。通过角色扮演，学生可以身临其境地体验到不同角色和身份的感受和行为方式，加深对社会现象和人际关系的理解。在思政课中，教师可以组织学生进行角色扮演活动，如模拟国际会议、法庭审判等场景，让学生扮演不同的角色进行模拟表演和互动交流。这种教学方法不仅能够提高学生的参与度，还能够培养他们的表演能力和团队协作能力。

除了以上几种教学方法，教师还可以利用新媒体平台进行互动式教学。新媒体平台的普及及其本身的便捷性使得教师和学生之间的交流互动变得更加容易和高效。教师可以通过新媒体平台发布教学资源和信息资料，与学生进行在线交流和讨论互动；学生也可以通过新媒体平台提交作业和反馈意见看法，与教师进行

即时沟通和互动交流。这种教学方法打破了传统课堂教学的时空限制，使得教学更加灵活便捷且富有成效。

在新媒体平台的互动式教学中，教师更加注重学生的主体性和个性化需求特点。教师可以根据学生的兴趣和需求制订个性化的教学计划并进行内容安排；还可以根据学生的反馈意见和建议及时调整和改进教学方法和策略手段。同时，教师还可以利用新媒体平台进行在线测评和反馈评价工作，及时了解学生的学习情况和进步表现，给予其个性化的指导和帮助支持。

综上所述，经济全球化与文化多元化为思政课教学带来了丰富多样的教学内容和创新灵活的教学方法。通过积极吸收国际优秀文化成果、引入社会热点问题、采用多元化教学方法以及利用新媒体平台进行互动式教学等措施，我们可以不断拓宽学生的国际视野、紧扣现实社会脉搏、激发学生的学习热情、促进师生之间平等对话和合作探究氛围的形成与发展。这些机遇不仅为思政课教学注入了新的活力和动力，还为培养具有高素质和思想政治觉悟的新时代人才提供了有力的支撑保障和坚实基础。我们应该充分利用这些机遇和资源，不断探索创新思政课教学的方式方法和路径模式，为培养具有国际视野和跨文化交流能力的新时代人才贡献出智慧和力量。

三、政策支持与改革带来的机遇

在当今社会，高等教育作为国家发展的重要基石，其教学质量和效果直接关系到国家的长远发展。思政课作为高等教育体系的重要组成部分，更是承担着培养学生正确世界观、人生观和价值观的重任。为了更好地适应时代发展的需求，提升思政课的教学效果，党和国家高度重视思政课的教学改革，并通过一系列政策文件和实际行动，为思政课教学改革提供了强有力的政策保障和明确的发展方向。

（一）国家政策的明确导向：为思政课教学改革指明方向

近年来，党和国家对思政课教学改革给予了前所未有的重视。这一重视不仅体现在对思政课地位的明确认定上，更体现在一系列具体政策的出台和实施上。这些政策文件，不仅强调了思政课在高等教育中的重要地位，还明确提出了思政课教学改革的目标、任务和路径。

首先，这些政策文件明确了思政课的教学目标。它们强调，思政课不仅要传授知识，更要培养学生的思想道德素质、政治觉悟和社会责任感。这意味着，思政课教学不能仅仅停留在理论层面，而是要紧密结合实际，注重培养学生的实践能力和创新精神。为了实现这一目标，政策文件提出了一系列具体的教学要求和改革措施，如增强课程内容的时效性、针对性和吸引力，改进教学方法和手段，提高教学的针对性和实效性等。

其次，这些政策文件为思政课教学改革指出了明确的发展方向。它们指出，思政课教学改革要遵循高等教育的发展规律，紧密结合时代发展的需要，不断创新教学理念和教学模式。具体来说，就是要注重培养学生的主体意识和创新精神，鼓励学生在学习中主动思考、积极探索；要加强实践教学，让学生在实践中深化对理论知识的理解；要充分利用现代信息技术手段，提高教学的互动性和趣味性。

（二）加大扶持力度：为思政课教学改革提供有力支撑

除了明确的政策导向，国家还通过财政投入、项目支持等多种方式加大了对思政课教学改革的扶持力度。这些扶持措施不仅有助于改善高校的教学条件，还为思政课教学改革提供了坚实的物质保障。

在财政投入方面，国家逐年增加对高等教育的投入，其中相当一部分资金被专门用于支持思政课教学改革。这些资金主要用于改善教学设施、更新教学设备、开发教学资源等。例如，许多高校利用国家财政投入的资金，建设了现代化的多媒体教室、实验室和图书馆等教学设施，为思政课教学提供了更加优越的环境和条件。同时，国家还鼓励高校利用财政资金开展思政课教学改革研究，探索新的教学理念和教学模式，以推动思政课教学的创新和不断发展。

在项目支持方面，国家设立了一系列专项课题，以支持思政课的教学改革。这些项目涵盖了课程开发、教材建设、教学方法改革等多个方面。例如，国家社会科学基金、教育部人文社会科学研究项目等都设立了与思政课相关的研究课题，鼓励高校教师和科研人员积极参与思政课教学改革研究。这些项目的实施不仅推动了思政课教学内容的更新和完善，还促进了教学方法和手段的创新和发展，为思政课教学改革注入了新的活力。

此外，国家还通过其他多种方式加大对思政课教学改革的扶持力度。例如，鼓励高校与企事业单位、社会组织等开展合作，共同推动思政课教学改革；支持高校开展国际交流与合作，借鉴国内外先进的教学理念和教学经验，以拓宽思政课的视野和思路；加强对思政课教学改革的宣传和推广，提高社会对思政课的认知和重视程度，为思政课教学改革营造良好的社会氛围。

在加大扶持力度的同时，国家还特别重视思政课教师队伍的建设与发展。思政课教师是思政课教学的主体和核心力量，他们的专业素养和教学能力直接关系到思政课的教学质量和效果。因此，国家采取了一系列措施来加强思政课教师队伍的建设。

一方面，国家加大了对思政课教师的培训力度。通过举办各种形式的培训班、研讨会和学术交流活动等，帮助思政课教师更新教学理念、提高教学能力。同时，国家还鼓励思政课教师参加国内外的学术交流和访问学习活动，以拓宽他们的视野，提升他们的专业素养和教学水平。

另一方面，国家建立了思政课教师的激励机制和评价体系。通过设立各种奖项和荣誉称号，表彰在思政课教学中表现突出的教师；通过建立科学合理的评价体系，对思政课教师的教学成果进行客观公正的评价，以激发他们的教学热情和积极性，推动他们更加积极地参与到思政课教学改革中。

综上所述，国家政策的明确导向和加大扶持力度为思政课教学改革提供了有力的政策保障和物质支持。这些政策的实施和扶持措施的落实，将有助于推动思政课教学改革深入进行，提高思政课教学质量和效果。同时，这些政策和措施也为思政课教师的发展提供了广阔的舞台和更大的机遇，激励他们更加努力地投入思政课的教学和研究中，为培养具有正确世界观、人生观和价值观的高素质人才做出更大的贡献。在未来的发展中，我们有理由相信，在党和国家的坚强领导下，在高校和思政课教师的共同努力下，思政课教学改革将取得更加显著的成效，为国家的长远发展提供有力的人才保障和智力支持。

四、学生学习需求变化带来的机遇

当今社会，信息技术得到了飞速发展和普及，教育理念在不断更新，学生的学习需求也随之发生了深刻的变化。这些变化不仅体现在学习内容的多样性上，更体现在学习方式、学习态度和学习能力的转变上。对于思政课而言，这些变化既带来了挑战，也孕育着巨大的机遇。以下将重点探讨学生学习需求变化的两个重要方面——自主学习能力的提升和对教学质量的高要求，分析它们如何为思政课教学改革带来新的机遇。

（一）自主学习能力的提升：为思政课教学改革注入新活力

1. 信息技术发展促进自主学习

随着信息技术的迅猛发展，互联网、智能手机等数字化工具已经成为学生日常生活中不可或缺的一部分。这些工具不仅为学生提供了丰富的学习资源，还使他们能够随时随地进行学习，有效延长了学习的时间。在这种背景下，学生的自主学习能力得到了显著提升，他们更倾向于通过自主学习、探究学习等方式来获取知识。

对于思政课而言，学生自主学习能力的提升为教学改革提供了新的思路。传统思政课往往采用填鸭式教学方法，缺乏互动性和参与性。然而，在自主学习能力提升的背景下，思政课更加注重培养学生的自主学习意识和能力，引导他们主动探索、积极思考。例如，教师可以通过布置预习任务、提供学习资源等方式，引导学生在课前进行自主学习；在课堂上，教师可以采用讨论式、案例式等教学方法，激发学生的学习兴趣；课后，教师还可以利用网络平台进行在线辅导，帮助学生巩固知识。

2. 自主学习能力提升对思政课教学的新要求

学生自主学习能力的提升对思政课教学提出了更高的要求。一方面，教师需要具备更高的专业素养和更强的教学能力，以设计出满足学生自主学习需求的教学方案。这要求教师不仅要精通思政课的专业知识，还要熟悉信息技术和教学方法的创新应用。另一方面，教师需要转变教学角色，从传统的知识传授者转变为学生学习的引导者和合作者，关注学生的个体差异，为其提供个性化的教学支持。

同时，学生自主学习能力的提升也对思政课教学内容提出了新的挑战。传统的思政课教学内容往往注重理论知识的传授，而忽视了学生实践能力和创新精神的培养。在学生自主学习能力提升的背景下，思政课需要更加注重理论与实践相结合，通过案例分析、社会实践等方式，引导学生将所学知识应用于实际问题中，培养他们的社会责任感。

3. 自主学习能力提升带来的教学创新机遇

学生自主学习能力的提升为思政课教学改革带来了新的机遇。它促进了思政课教学方式的创新和多样化发展，如翻转课堂、在线教学等新型教学方式的引入，突破了传统教学的时空限制。同时，它也推动了思政课教学内容的更新和完善，使教学内容更加贴近学生的生活实际和思想实际。

此外，学生自主学习能力的提升还有助于培养学生的终身学习能力和创新精神。教师可以通过引导学生进行自主学习和探究学习，培养他们的问题意识、批判性思维和创新能力。

（二）对教学质量的高要求：推动思政课教学改革不断深化

1. 社会进步对教学质量的期望提升

随着社会的进步和发展，人们对教育的重视程度不断提高，对教学质量的要求也越来越高。思政课承担着培养学生正确世界观、人生观和价值观的重任，其教学质量直接关系到学生思想政治素质的培养。因此，社会对思政课教学质量的要求更加严格。

在这种背景下，思政课教学改革面临着新的机遇和挑战。高校需要不断提高思政课的教学质量和水平，以满足社会对高质量教育的需求。这要求加强思政课教师队伍的建设，提高教师的专业素养；加强课程内容的研发，使教学内容更加符合时代发展的要求；加强教学方法和手段的创新，提高教学的互动性。

同时，高校还需要积极应对社会对思政课教学质量的监督和评价。随着教育信息化的发展，社会对高校教学质量的监督越来越便捷。高校需要建立健全思政课教学质量评价体系，加强对教学过程的监控和管理，及时发现问题并改进。

2. 高要求对思政课教学改革的推动作用

社会对思政课教学质量的高要求对思政课教学改革起到了积极的推动作用。它促使高校不断进行教学改革和创新，以提升思政课的吸引力和实效性。例如，通过引入案例教学等新的教学方法，激发学生的学习兴趣；通过加强师生互动，提高教学的互动性；通过加强实践教学，让学生在实践中深化对理论知识的理解。

同时，高要求对思政课教师队伍的建设也提出了新的要求。教师需要不断更新教学理念和教学方法，提高教学的针对性；需要提升自身的专业素养和学术能力，为教学提供支撑；需要加强与学生的沟通，了解学生的需求并改进教学。高校还需要建立健全思政课教师的激励机制和评价体系，激发教师的教学热情。

3. 应对高要求带来的机遇与挑战

社会对思政课教学质量的高要求既带来了机遇也带来了挑战。机遇在于，它可以推动思政课教学改革的不断深化和创新；可以促进思政课教师队伍的不断发展和壮大；可以加强思政课与社会的联系和互动。挑战在于，高校和思政课教师需要不断适应和满足社会对高质量教育的需求；需要积极应对社会对教学质量的监督和评价。

为了抓住机遇、应对挑战，高校和思政课教师需要采取一系列措施。高校需要加强思政课教师队伍的建设；需要加强思政课数字内容的研发和更新；需要加强思政课教学方法和手段的创新应用。思政课教师需要不断更新教学理念和教学方法；需要加强与学生的沟通和交流；需要积极参与教学研究和学术交流活动，提高自身的学术水平和教学能力。

综上所述，学生学习需求的变化为思政课教学改革带来了新的机遇。高校应充分利用这些机遇，积极推动思政课教学改革与创新，为培养德智体美劳全面发展的社会主义建设者和接班人做出更大的贡献。同时，高校和思政课教师也需要积极应对挑战，不断改进和完善教学工作，提高教学质量和水平，以满足社会对高质量教育的需求。在未来的发展中，我们有理由相信，在党和国家的坚强领导下，在高校和思政课教师的共同努力下，思政课教学改革将取得更加显著的成效。

第三节　高校思想政治理论课教学改革的挑战

思政课作为高等教育体系中的重要组成部分，承担着培养学生正确世界观、人生观和价值观的重要使命。然而，随着社会环境的快速变化、信息技术的迅猛发展以及学生群体特征的多样化，思政课教学改革面临着一定挑战。

一、社会环境变化带来的挑战

（一）经济全球化进程加速背景下的文化冲击与价值观碰撞

经济全球化不仅是一个经济发展过程，更是一个文化交融与碰撞的过程。随着互联网技术的飞速发展，信息传播的速度和范围达到了前所未有的水平。西方价值观和文化通过互联网等渠道广泛传播，对学生的思想观念产生了深远影响。这些价值观和文化中，既有值得我们借鉴和吸收的积极成分，也有一些与我们的主流意识形态相悖的内容，学生应认真分辨。

学生作为社会未来的建设者，他们的思想观念和价值取向对社会的发展具有重要影响。然而，他们正处于价值观形成的关键时期，思想活跃，易于接受新事物，因此也更容易受到西方价值观和文化的影响。如何在多元文化背景下坚持马克思主义的指导地位，引导学生正确认识和对待西方价值观和文化，树立正确的价值观，成为思政课教学改革的首要挑战。

一方面，思政课要加强对马克思主义理论的教学和研究，通过深入浅出的讲解和生动的案例分析，使学生深刻理解马克思主义的立场、观点和方法，增强他们对马克思主义的认同。马克思主义作为我们立党立国的根本指导思想，具有强大的生命力和时代价值。

另一方面，思政课还要引导学生以开放包容的心态去欣赏和学习其他文化的优秀成分，同时保持清醒的头脑，警惕和抵制不良文化的侵蚀。通过比较分析不同文化的异同，使学生明白每种文化都有其独特的历史背景和社会环境，不能简单地照搬照抄。同时，使学生坚定文化自信，让他们认识到中华文化博大精深、源远流长，具有独特的魅力和价值。

（二）社会思潮多元化背景下的意识形态斗争

随着经济全球化进程的加速和社会思潮的多元化，意识形态领域的斗争也日益复杂。各种思想观念、价值取向交织在一起，形成了错综复杂的意识形态格局。

学生作为社会的未来和希望，他们的思想观念和价值取向直接关系到国家的长治久安和民族的兴衰存亡。因此，思政课必须高度重视意识形态领域的斗争，加强对学生的思政教育和意识形态引导。通过深入浅出的讲解和生动的案例分析，使学生深刻认识到意识形态斗争的严峻性和复杂性，增强他们的政治敏锐性和鉴别力。

同时，思政课要引导学生以辩证的眼光看待不同社会思潮的兴起和衰落，明白每种社会思潮都有其产生的历史背景和社会原因。在此基础上，使学生树立正确的思想观念和价值取向，自觉抵制不良社会思潮的影响，坚持正确的政治方向。

（三）社会转型期的矛盾与问题对思政课教学的挑战

当前，我国正处于社会转型期，经济体制深刻变革，社会结构深刻变动，利益格局深刻调整，思想观念深刻变化。这些矛盾和问题给思政课教学带来了新的挑战。

第一，思政课要密切关注社会热点问题和时事政治，及时将这些问题融入课堂教学中。通过深入浅出的讲解和生动的案例分析，使学生深刻认识到这些问题的本质和根源，增强他们的社会责任感和使命感。例如，可以结合当前的经济形势、社会现象、国际局势等，引导学生深入思考和探讨背后的深层次原因和解决方法。

第二，思政课要注重培养学生的实践能力和创新精神。通过实践教学、社会实践等方式，使学生将所学知识应用于实际问题中，培养他们分析问题和解决问题的能力。同时，鼓励学生积极参与社会公益活动和社会实践，增强他们的社会责任感。

第三，思政课还要加强对学生的心理健康教育。社会转型期的矛盾和问题往往会给学生带来一定的心理压力和困惑。因此，思政课要通过心理健康教育、心理咨询等方式，帮助学生正确认识和对待这些压力和困惑，增强他们的心理承受能力和适应能力。

第四，在应对社会转型期的挑战时，思政课教师要不断更新教学理念和教学方法。思政课教师应改变传统的填鸭式教学方式，注重启发式教学和互动式教学，激发学生的学习兴趣和积极性。同时，加强与学生的沟通和交流，了解学生的思想动态和需求，及时调整教学内容和方法。

（四）思政课教学改革的迫切性与长期性

面对社会环境变化带来的挑战，思政课教学改革显得尤为迫切。只有不断改革和创新，才能使思政课更加符合时代发展的要求和学生的实际需求。同时，我们也要认识到思政课教学改革的长期性，这是一项系统工程，需要政府、学校、教师和社会各方面的共同努力和协作。

政府应加大对思政课教学改革的支持力度，制定相关政策和措施，为思政课教学改革提供有力保障。学校要加强思政课教师队伍的建设和培训，提高教师的专业素养和教学能力。教师要不断更新教学理念和教学方法，提高教学的针对性和实效性。社会各方面也要积极支持和参与思政课教学改革，为思政课教学改革营造良好的社会氛围。

同时，我们还需要建立健全的思政课教学评价体系和监督机制，加强对思政课教学质量的评估和监控。通过定期的教学评估、学生评价、同行评审等方式，及时了解思政课教学的情况和问题，为教学改革提供有力依据。

总之，社会环境变化给思政课教学带来了前所未有的挑战。面对这些挑战，我们必须保持清醒的头脑和坚定的信念，积极推进思政课教学改革与创新。通过加强马克思主义理论教学、引导学生正确认识和对待西方价值观和文化、密切关注社会热点问题和时事政治、培养学生的实践能力和创新精神等措施，使思政课更加符合时代发展的要求和学生的实际需求。同时，我们还要深刻认识到思政课教学改革的迫切性和长期性，建立健全的教学评价体系和监督机制，为思政课教学改革提供有力保障和支持。只有这样，我们才能培养出更多德智体美劳全面发展的社会主义建设者和接班人，为实现中华民族伟大复兴的中国梦贡献智慧和力量。

二、信息技术发展带来的挑战

当前，信息技术的发展如同一股不可阻挡的洪流，深刻地影响着社会的每一个角落，教育领域自然也不例外。移动互联网、大数据和人工智能等前沿技术的普及与应用，不仅改变了人们的生活方式，更在潜移默化中重塑了知识传播和学习的模式。在这一变革的大潮中，高等教育作为培养未来社会栋梁的主阵地，面临着前所未有的挑战与机遇。思政课作为引导学生树立正确世界观、人生观和价值观的关键课程，其教学方式和内容的革新则显得尤为重要。

（一）信息技术对教学模式的深刻影响

传统的教学模式往往以灌输式为主，教师站在讲台上，学生坐在台下，通过讲授、板书等方式传递知识。这种单向度的信息传递方式，在信息相对闭塞、资源相对有限的过去，或许能够满足基本的教学需求。然而，在移动互联网时代，信息的获取变得前所未有的便捷，学生可以通过手机等终端设备，随时随地访问全球范围内的教育资源。他们不再满足于被动接受教师传授的知识，而是渴望主动探索、互动交流，追求个性化、差异化的学习体验。

移动互联网的普及催生了在线学习、翻转课堂、混合式教学等新型教学模式。这些模式强调学生的主体地位，鼓励他们在课前通过观看视频、阅读材料等方式自主学习基础知识，课堂上则更多地进行讨论和解决问题，从而实现批判性思维的培养。这意味着思政课教师需要转变角色，从知识的传递者变为学习的引导者和促进者，设计更加贴近学生生活、能够激发学生思考的教学活动，以增强课程的吸引力和感染力。

（二）大数据与个性化教学的融合

大数据技术的兴起为教育个性化提供了可能。通过分析学生的学习行为、兴趣偏好、成绩变化等数据，教师可以更加精准地了解每个学生的学习状况和需求，从而制订个性化的教学计划和干预措施。在思政课中，这意味着可以根据学生的思想动态、价值观念差异，提供定制化的学习资源和讨论话题，帮助他们在多元的文化和价值观中找到自己的定位，形成稳定而健康的价值观体系。

同时，大数据还能帮助教师评估教学效果，及时调整教学策略。通过对课堂参与度、作业完成情况、在线讨论活跃度等数据的分析，教师可以快速识别教学过程中的问题点，如哪些内容学生难以理解、哪些讨论激发了学生的深入思考等，进而优化教学内容和方法，提高教学效率和质量。

（三）人工智能在教育中的应用与挑战

人工智能技术正逐步渗透在教育的各个环节。智能教学系统能够根据学生的学习进度和能力，动态调整学习路径和难度，提供个性化的学习建议；虚拟助教可以 24 小时在线解答学生的疑问，减轻教师的工作负担；情感识别技术能分析学生的情绪状态，为心理健康教育提供支持。

然而，人工智能的应用也带来了新的挑战。一方面，过度依赖技术可能导致师生间情感交流缺失，影响教育的人文关怀。思政课不仅是知识的传授，更是情感的共鸣和价值观的塑造，这是机器难以做到的。另一方面，人工智能系统的算法偏见问题也不容忽视。如果训练数据存在偏差，智能教学系统可能会无意中强化某些刻板印象或偏见，对学生的价值观形成产生负面影响。

（四）网络空间中的信息筛选与引导能力

在信息技术高度发达的今天，网络空间成了信息传播的主要渠道。然而，网络信息的海量性、即时性和匿名性，也使得虚假信息较多。对于思政课教师而言，如何在纷繁复杂的信息海洋中筛选出真实、有价值的内容，引导学生辨别信息真伪，成了一项极其重要的任务。

这要求思政课教师不仅要具备扎实的专业知识，还要有良好的信息素养和批判性思维能力。他们需要教会学生如何评估信息的来源、内容的可靠性以及信息的偏见性，培养学生的信息筛选能力和批判性思维。同时，教师还要密切关注网络上的热点话题和思潮，及时引导学生正确理解和评价，防止错误思潮的侵蚀。

此外，思政课教师还需要具备一定的网络素养，善于利用网络平台和工具进行辅助教学。例如，通过社交媒体、在线论坛等渠道，了解学生的思想动态和关注点，将这些元素融入课堂教学中，使教学更加贴近学生实际，增强教学的针对性和实效性。

（五）教学改革与创新的方向

面对信息技术发展带来的挑战，思政课教学改革与创新势在必行。一方面，我们要充分利用信息技术的优势，创新教学手段和方法，增强课程的吸引力和感染力。比如，可以运用虚拟现实、增强现实等技术，创设沉浸式的学习环境，让学生身临其境地体验历史事件、社会现象等，加深对知识的理解和记忆。另一方面，要加强师生间的互动交流，建立基于网络的协作学习社区，鼓励学生之间的合作与分享，培养他们的团队协作能力和社交技能。

同时，我们还要注重培养学生的信息素养和批判性思维能力，使他们能够在信息爆炸的时代保持头脑清醒，正确辨别信息的真伪。这要求思政课教师不仅要传授知识，更要教会学生如何学习、如何思考，培养他们的终身学习能力和创新精神。

总之，信息技术的发展为思政课的教学改革提供了前所未有的机遇和挑战。思政课教师要不断更新观念、提升技能，充分利用信息技术的优势，创新教学手段和方法；同时，要引导学生正确面对网络信息的挑战，培养他们的信息素养和批判性思维能力，为培养具有正确世界观、人生观和价值观的新时代青年贡献力量。在这个过程中，思政课教师既要保持对技术的敬畏之心，又要坚守教育的本真之道，让信息技术成为推动教育进步的有力工具。

三、学生群体特征变化带来的挑战

在当今这个信息技术飞速发展的时代，大学生作为社会的未来栋梁，他们的成长环境、思想观念以及行为方式都发生了显著的变化。这一代大学生成长于互联网普及、信息爆炸的时代背景之下，他们接触到的信息量大、种类繁多，思想活跃、个性鲜明，充满了创新和探索的精神。然而，这种时代特征也为高校思政教育带来了新的挑战，使思政课教学改革面临着前所未有的困境。

（一）当代大学生价值观念多元化

在信息化的浪潮中，学生能够轻松地获取到来自世界各地的信息和观点，他们的思想不再局限于传统的、单一的价值观念，而是呈现出多元化、开放性的特点。这种价值观念的多元化，一方面使得学生更加包容和理解不同的文化和思想，另一方面也给思政课教学带来了难度。传统的思政课教学往往侧重于传递一种主流的价值观念，而在当今这个多元化的时代，如何引导学生在众多价值观念中做出正确的选择，培养他们的价值判断能力和道德责任感，成了思政课教学改革的重要任务。

价值观念的多元化还使得一些学生对思政课内容产生了质疑。他们认为，思政课所传授的价值观念过于单一和陈旧，无法反映社会的多样性和复杂性，所以更倾向于通过自己的思考和探索来形成自己的价值观念。这种质疑和挑战要求思政课教师必须更新教学观念，改变传统的灌输式教学方式，更加注重引导学生思考和讨论，让他们在交流中碰撞思想，形成自己的见解。

（二）大学生学习动机复杂化

在信息化时代，学生的学习动机不再像过去那样单纯和明确。他们可能出于对未来职业发展的考虑，对某些实用性的课程更加感兴趣；也可能因为个人兴趣爱好的不同，对某些特定领域的知识有着浓厚的兴趣。对于思政课这样的基础课程，一些学生可能认为其与自己的专业发展和个人兴趣关系不大，因此缺乏足够的学习动力。

这种学习动机的复杂化使得思政课教学更加难以激发学生的学习兴趣和主动性。传统的思政课教学往往侧重知识的传授，而忽视了学生的学习动机和兴趣。在以学生为中心的教学理念下，如何根据学生的学习动机和兴趣来设计教学内容和方法，成了思政课教学改革的关键。教师需要深入了解学生的学习需求和兴趣点，推动思政课内容与他们的实际生活和专业发展相结合，让他们认识到思政课的价值和意义，从而激发他们的学习兴趣和主动性。

此外，部分学生对思政课的重要性认识不足，也是当前思政课教学改革面临的一个重要挑战。一些学生认为思政课的内容空洞、脱离实际，无法对他们未来的职业发展产生直接影响。这种认识上的偏差导致他们对思政课的学习持有一种消极和抵触的态度。

从学生自身来看，他们可能更加关注眼前的利益和实用的知识，而忽视了思政课对于培养他们综合素质和道德品质的重要性。这就需要思政课教师通过多种方式和渠道，向学生阐述思政课的重要性和意义，让他们认识到思政课对于自身全面发展的重要性。同时，教师还需要通过生动有趣的案例和实践活动，让学生感受到思政课内容与实际生活的紧密联系，从而增强他们对思政课的认同感。

从思政课教学方式和方法来看，传统的灌输式教学方式已经无法满足当代学生的学习需求。这种教学方式往往注重知识的传授和记忆，而忽视了学生的思考和实践。在以学生为中心的教学理念下，思政课教师需要转变教学方式和方法，更加注重引导学生思考和讨论，让他们在交流中碰撞思想、形成见解。同时，教师还需要将思政课内容与学生的实际生活结合起来，通过组织各种实践活动，让学生在实践中感悟思政课的道理，体会其现实意义。

综上所述，当代大学生群体特征的变化给思政课教学改革带来了诸多挑战。为了应对这些挑战，思政课教师需要不断更新教学观念和方法，创新教学内容和形式；同时还需要注重培养学生的批判性思维和道德责任感，使他们成为具有综合素质和道德品质的新时代青年。只有这样，思政课教师才能更好地适应时代发展的需要，为社会的进步和发展贡献力量。

四、教师队伍建设面临的挑战

在高等教育体系中，思政课教师作为教学改革的核心力量，其角色与地位极为重要。他们不仅是知识的传播者，更是学生思想观念的塑造者，其理论素养、教学能力和创新意识直接关乎教学效果的好坏，进而影响到学生综合素质的培养和未来发展。然而，在当前的教育实践中，思政课教师队伍建设面临着一定挑战，这些挑战既来自教师个体能力的不足，也源于教师队伍整体结构的失衡，制约了思政课教学改革的深入推进。

（一）教师个体能力层面的挑战

1. 理论功底不足

思政课作为一门理论性极强的学科，要求教师具备深厚的马克思主义理论功底，能够准确理解和把握党的路线方针政策，并将其融入课堂教学中。然而，部分思政课教师在这方面存在明显不足。一方面，由于学术背景的差异，一些教师并未接受过系统的马克思主义理论教育，这导致他们在理论阐述和解析时显得力不从心。另一方面，部分教师虽然具备一定的理论基础，但在面对快速变化的社会现实和复杂多样的学生思想时，难以实现理论与实际相结合，使得教学内容显得空洞乏味，缺乏说服力。

理论功底的不足不仅削弱了教学效果，也降低了思政课的吸引力和感染力，使得学生难以从这样的课堂中获得深刻的思想启迪，进而可能对思政课产生抵触情绪。因此，加强对思政课教师的理论培训，提升他们的理论素养，是当前教师队伍建设的重要任务。

2. 教学方法单一

在教学方法上，部分思政课教师仍然沿用传统的灌输式教学方法，以教师为中心，忽视了学生的主体地位和个体差异。这种教学方法过于注重知识的传授和记忆，而忽视了学生的思考和实践。在信息化时代，学生获取信息的渠道日益多样化，他们更倾向于接受那些生动有趣、互动性强的教学方法。

此外，单一的教学方法还导致了课堂教学的沉闷和乏味，学生往往处于被动接受的状态，缺乏参与感和归属感，难以在课堂上形成积极的师生互动和生生互动。这种教学氛围不仅影响了学生的学习效果，也削弱了思政课的育人功能。因此，思政课教师需要不断创新教学方法，注重引导学生进行思考和讨论，让他们在交流中碰撞思想、形成见解，从而提升课堂教学的活力和吸引力。

3. 创新能力欠缺

创新是教学改革的动力源泉，也是思政课保持生机与活力的关键所在。然而，部分思政课教师在创新能力方面存在不足。他们往往沿用传统的教学内容和方式，缺乏对新理念、新技术、新方法的探索和应用。这种保守的教学态度不仅限制了教师的教学创造力，也阻碍了思政课的与时俱进。

在信息化时代，思政课教师需要具备将现代信息技术融入课堂教学的能力，如利用多媒体技术和网络平台制作教学视频、组织开展在线讨论等。然而，部分教师在这方面显得力不从心，他们缺乏必要的技术支持和培训，难以充分利用信息技术提升教学效果。因此，加强对思政课教师的信息技术培训，提升他们的创新能力，是当前教师队伍建设亟须解决的问题。

（二）教师队伍结构性层面的挑战

1. 年龄结构不合理

当前，部分思政课教师队伍存在年龄结构不合理的现象。一方面，一些资深教师即将退休，他们拥有丰富的教学经验和深厚的学术底蕴，是思政课教学的重要支柱。然而，由于年龄，他们可能难以适应信息化时代的教学要求，如熟练掌握现代信息技术、与学生进行网络互动等。另一方面，年轻教师虽然具备较强的信息技术应用能力和创新意识，但在教学经验和学术造诣方面还有待提升。这种年龄结构不合理导致了教学团队在传承与创新之间出现断裂，影响了教学改革的连续性和稳定性。

2. 学科背景单一

思政课作为一门跨学科的综合性课程，要求教师具备丰富的学科背景和广阔的知识视野。然而，当前部分思政课教师的学科背景过于单一，主要集中在马克思主义理论或相关专业上。这种学科背景的单一性限制了教师的教学视野和创新能力，使得他们难以将其他学科的知识和方法融入思政课教学中。例如，在探讨经济、政治、文化等社会现象时，教师可能缺乏必要的经济学、政治学、文化学等学科知识，导致教学内容的深度和广度受到限制。

3. 职称结构不均衡

职称结构是衡量教师队伍整体素质的重要指标之一。然而，当前部分思政课教师队伍存在职称结构不均衡的现象。一方面，高级职称教师所占比例较低，他们在教学和科研方面承担着繁重的任务，难以充分发挥在教学改革中的引领作用。另一方面，初级职称教师较多，他们虽然具备较高的教学热情和较强的创新能力，但在教学经验和学术造诣方面还有待提升。这种职称结构不均衡导致了教学团队在整体素质和创新能力方面的差异，影响了教学改革的深入推进。

（三）加强教师队伍建设的路径探索

面对上述挑战，加强思政课教师队伍建设已成为当务之急。具体而言，可以从以下几个方面入手。

1. 加强理论培训，提升教师理论素养

高校应定期组织思政课教师参加理论培训，邀请知名专家学者进行专题讲座或组织研讨交流，帮助教师深入理解马克思主义基本原理和党的路线方针政策。同时，鼓励教师积极参与学术研究和科研项目，通过实践锻炼提升理论素养和教学能力。此外，还可以建立教师理论学习考核机制，将理论学习效果与教师评价等挂钩，激发教师理论学习的积极性和主动性。

2. 创新教学方法，增强课堂教学活力

思政课教师应积极探索和实践新的教学方法和模式，如案例教学、讨论式教学、情境教学等，注重引导学生的思考和讨论，让他们在交流中碰撞思想、形成见解；同时，应充分利用现代信息技术手段，如多媒体技术和网络平台，制作生动有趣的教学视频和课件，开展在线讨论和互动交流活动，提升课堂教学的吸引力和感染力；此外，还可以组织学生参加社会实践、志愿服务等活动，将理论与实践进行结合，增强思政课的实践性和针对性。

3. 强化创新能力培养，激发教师教学创造力

高校应鼓励思政课教师积极参与教学改革和创新实践，支持他们尝试新的教学方法，如翻转课堂、混合式教学等。同时，建立教学创新激励机制，对在教学改革中取得突出成果的教师给予表彰和奖励。此外，还可以加强思政课教师与其他学科教师的交流合作，借鉴其他学科的教学经验和创新成果，拓宽思政课教师的教学视野和思路。

4. 优化教师队伍结构，提升整体素质

高校应合理配置不同年龄、学科背景和职称的教师资源，形成老中青相结合、学科交叉融合的教学团队。对于资深教师，高校应充分发挥其在教学和科研方面的引领作用，同时加强对他们的信息技术培训；对于年轻教师，高校应为其提供更多的教学机会和平台，帮助他们积累教学经验和提升教学能力；对于初级职称教师，高校应加强对他们的培养和指导，帮助他们尽快成长为教学骨干。

综上所述，加强思政课教师队伍建设是教学改革的重要任务。加强理论培训、创新教学方法、强化创新能力培养和优化教师队伍结构等措施，可以不断提升教

师的综合素质和教学能力，为思政课教学改革的深入推进提供有力保障。只有这样，才能更好地适应时代发展的需要，培养出更多高素质的具备创新能力的新时代青年。

五、教学效果评估的挑战

思政课作为高等教育体系中的重要组成部分，其教学效果不仅关乎学生的知识掌握程度，更深刻地影响着学生的思想观念和行为习惯。然而，在传统教学模式下，教学效果评估往往侧重知识的考核，而忽视了学生思想成长和价值观塑造这一更为核心的目标。这种单一的评估方式不仅难以全面反映思政课的真实教学效果，也无法满足新时代对人才培养的多元化需求。因此，建立科学合理的教学效果评估体系，既注重知识考核，又关注学生的思想成长，已成为思政课教学改革中亟待解决的问题。

（一）传统考试评价方式的局限性

传统考试评价方式，如闭卷考试、开卷考试或论文撰写等，主要侧重对学生知识掌握程度的考核。这种方式在一定程度上能够反映学生对思政课基本理论和知识点的掌握情况，但也存在一定的局限性。

第一，传统考试评价方式往往侧重于记忆和复述，忽视了对学生理解能力和应用能力的考查。思政课作为一门理论性极强的学科，其教学目标不仅是让学生记住一些概念和原理，更重要的是引导学生深入理解这些理论和原理，并将其应用于实际生活中。然而，传统考试方式往往只能考查学生的记忆能力，而难以评估他们的理解和应用能力。

第二，传统考试评价方式难以全面反映学生的思想变化和价值观塑造情况。思政课教学不仅为了传授知识，更重要的是引导学生树立正确的世界观、人生观和价值观。然而，这些思想观念和价值观的转变是难以通过传统的考试方式来衡量的。即使学生在考试中取得了高分，也并不能说明他们的思想观念和价值观已经发生了积极的转变。

（二）建立科学合理的教学效果评估体系的必要性

鉴于传统考试评价方式的局限性，建立科学合理的教学效果评估体系显得尤为重要。这一体系的建立不仅有助于更全面地反映思政课的教学效果，还能激发学生的学习积极性和主动性，提升他们的思想素质和综合能力。

建立科学合理的教学效果评估体系的必要性体现在多个方面。首先，它能够更全面地反映思政课的教学效果。思政课的教学目标是多维度的，既包括知识的传授，也包括思想观念的引导和行为习惯的培养。因此，教学效果的评估也应该是多维度的，既要考核学生的知识掌握程度，也要关注他们的思想成长和价值观塑造情况。通过这样的评估体系，我们可以更全面地了解学生在思政课学习过程中的表现，从而更准确地评估教学效果。

科学合理的教学效果评估体系有助于激发学生的学习积极性和主动性。传统的考试评价方式往往让学生感到枯燥乏味，难以激发学生的学习兴趣和积极性。相比之下，科学合理的教学效果评估体系更注重对学生的全面评价，既考核他们的知识掌握程度，也关注他们的思想成长情况和综合素质水平。这样的评估方式可以让学生更加注重自己的全面发展，而不仅仅是追求考试成绩。他们在学习过程中会更加主动地去思考、去探索、去实践,从而提升自己的学习能力和综合素质。

建立科学合理的教学效果评估体系对于提升学生的思想素质和综合能力具有重要意义。思政课作为一门具有育人功能的课程，其教学目标不仅是传授知识，更重要的是引导学生树立正确的世界观、人生观和价值观。通过科学合理的教学效果评估体系，我们可以更好地了解学生在思想成长方面的表现和进步，从而有针对性地引导他们树立正确的思想观念。同时，这一体系还可以考查学生的综合能力，如分析问题和解决问题的能力、创新思维和实践能力等。这些能力的提升对于学生未来的发展和成长具有至关重要的作用。

六、课程体系与教学内容的挑战

在当今社会快速发展的背景下，教育作为塑造未来、引领时代的重要力量，其课程体系与教学内容的改革显得尤为重要。对于思政课而言，它不仅是传授知识、培养能力的平台，更是塑造学生世界观、人生观和价值观的关键环节。因此，思政课的课程体系和教学内容必须与时俱进，既要坚守马克思主义的基本立场、观点、方法，确保理论的深度和广度，又要紧密结合中国特色社会主义实践，增强内容的时代性和现实性。然而，在实际操作过程中也面临着一定的挑战，其中教材内容的更新滞后以及理论与实践的脱节问题相对突出。

思政课的课程体系作为整个教学过程的骨架，其构建和完善直接关系到教学效果的优劣。一个科学合理的课程体系应该既涵盖马克思主义的基本理论，又反映中国特色社会主义的最新实践成果。马克思主义是思政课的灵魂，为我们提供了认识世界、改造世界的强大思想武器。因此，在课程体系的设计中，必须坚持马克思主义的基本立场、观点、方法，确保学生能够系统掌握马克思主义基本原理，形成正确的世界观和方法论。马克思主义并非一成不变的教条，而是一个不断发展的开放体系。它与我国国情相结合，形成了中国特色社会主义理论体系。这就要求思政课的课程体系必须紧跟时代步伐，及时吸收和反映中国特色社会主义的最新实践成果。然而，在实际操作中，部分教材内容更新滞后，难以跟上时代发展的步伐。一些经典理论虽然具有重要的历史地位，但在新的时代背景下，如何赋予它们新的生命力和时代意义，成了一个亟待解决的问题。

除了内容更新滞后，理论与实践的脱节也是思政课面临的一大挑战。理论是实践的指南，实践是理论的检验。思政课的教学内容只有与实践紧密结合，才能让学生真正感受到理论的魅力和价值。然而，在现实教学中，往往过于注重理论的灌输，而忽视了实践的重要性。一些教师过于依赖教材，缺乏将理论知识与实际问题结合起来的能力，导致教学内容空洞乏味，难以激发学生的学习兴趣和积极性。

综上所述，思政课的课程体系和教学内容改革是一项长期而艰巨的任务，高校需要不断加强教材内容的更新、理论与实践的结合、教学方法和手段的创新、师资队伍的建设以及评价体系的完善等方面的工作。只有这样，才能构建出既具有理论深度又具有时代性和现实性的思政课课程体系和教学内容，为培养德智体美劳全面发展的社会主义建设者和接班人做出更大的贡献。在未来的教学改革中，需要不断探索和创新，以适应时代发展的需求和学生成长的需要，为思政课的繁荣发展注入新的活力和动力。

七、教学资源与平台建设的挑战

思政课承担着培养学生思想政治素质，塑造学生世界观、人生观和价值观的重任。随着信息技术的飞速发展和教育理念的不断更新，思政课教学改革势在必行。教学资源和平台建设作为教学改革的重要支撑，其质量和水平直接影响着思政课的教学效果和吸引力。然而，当前部分高校在思政课教学资源与平台建设方面投入不足，缺乏高质量的数字化教学资源和互动平台，这给思政课教学改革带来了一定的挑战。

在传统的教学模式下，思政课主要依赖教材、教案和课堂讲解来传授知识。这种教学方式虽然在一定程度上能够满足学生的基本学习需求，但难以激发学生的学习兴趣和积极性，也难以适应信息化时代对教育教学的新要求。随着数字化技术的不断发展，数字化教学资源逐渐成为思政课教学资源的重要组成部分。数字化教学资源具有形式多样、内容丰富、易于获取和传播等特点，能够使学生学习更加便捷、高效。然而，目前部分高校在思政课数字化教学资源建设方面还存在诸多问题。

一方面，数字化教学资源的数量和质量不足。部分思政课的数字化教学资源主要局限于一些基础的课件和电子书籍，缺乏高质量的视频、音频、动画等多媒体资源。这些资源往往形式单一、内容陈旧，难以满足学生对新鲜、有趣、实用的学习资源的需求。另一方面，高校对数字化教学资源的整合和利用不够充分。部分高校虽然拥有一定的数字化教学资源，但缺乏有效的整合和利用机制，导致资源散落各处，难以形成体系。同时，部分教师对于数字化教学资源的运用不够熟练，缺乏相关的技术支持和培训，难以充分发挥数字化教学资源在教学中的优势。

除了数字化教学资源建设不足，思政课互动平台的缺乏也是当前思政课教学面临的一大挑战。在传统的思政课教学中，教师往往处于主导地位，学生被动接受知识，双方缺乏足够的互动和交流。这种教学方式难以激发学生的思维活力和创新意识，也难以培养学生的批判性思维表达能力。互动平台作为一种新型的教学工具，则能够为学生提供更加开放、自由的学习环境，促进学生之间的交流和合作，增强学生的参与感和归属感。然而，目前部分思政课缺乏有效的互动平台，学生难以在课堂上充分表达自己的观点和想法，也难以与教师和其他同学进行深入的交流和讨论。

第三章　高校思想政治理论课教学改革的理论基础

在高等教育体系中，高校思政课教学改革是提升教学质量、培养高素质人才的重要途径。本章深入探讨了高校思政课教学改革的基本理论，以期为高校思政课教学改革实践提供坚实的理论支撑。首先，本章阐述了高校思政课教学改革的基本理论，包括马克思主义理论及教育学、心理学、伦理学、社会学、政治经济学等相关交叉学科的理论。其次，本章阐述了高校思政课教学改革的基本理念，如协同理念、理论与实践相结合、思政课程与课程思政相统一以及教师为本与队伍建设等。最后，本章明确了高校思政课教学改革的基本原则，包括坚持正确政治方向，教书与育人相结合，守正与创新相统一，理论与实践相结合，全员、全过程、全方位育人以及问题导向与目标导向相结合等原则。这些基本理论、基本理念和基本原则共同构成了高校思政课教学改革的基本框架，能够为高校思政课教学改革实践提供明确的指导。

第一节　高校思想政治理论课教学改革的基本理论

随着时代的变迁和社会的发展，高校思政课作为培养学生思想政治素质的主渠道，其教学改革显得尤为重要。教学改革的基础，则在于坚实的理论基础。马克思主义理论作为高校思政课的核心指导思想，不仅提供了科学的世界观和方法论，还为中国特色社会主义事业的发展提供了理论支撑。同时，现代高校思政教育还融合了教育学、心理学、伦理学、社会学、政治经济学等众多相关学科的理论，形成了丰富多元的理论体系。本节将深入探讨高校思政课教学改革的基本理论，以期为高校思政课教学改革提供理论支撑和实践指导。

一、马克思主义理论

（一）马克思主义理论的科学性与革命性

马克思主义理论是科学的世界观和方法论，它揭示了人类社会发展的客观规律，为无产阶级的革命斗争指明了方向。马克思主义理论的科学性主要体现在其辩证唯物主义和历史唯物主义的基本原理上，这些原理为我们理解社会现象、分析社会问题提供了科学的视角和方法。同时，马克思主义理论还具有鲜明的革命性，它主张通过无产阶级革命推翻资本主义制度，建立社会主义和最终实现共产主义，实现全人类的解放和幸福。

（二）中国化的马克思主义理论的形成与发展

在中国，马克思主义理论与中国革命、建设和改革的实践紧密结合，形成了具有中国特色的马克思主义理论体系，即中国化的马克思主义理论。中国化的马克思主义理论既继承和发展了马克思主义基本原理，又紧密结合了中国实际，为中国的革命、建设和改革提供了科学指导。从毛泽东思想到邓小平理论，再到“三个代表”重要思想、科学发展观以及习近平新时代中国特色社会主义思想，中国化的马克思主义理论不断丰富和发展，为高校思政课提供了丰富的思想资源和理论支持。

（三）马克思主义理论在高校思政课中的应用

马克思主义理论的社会存在与社会意识的辩证关系原理、社会形态发展理论、意识形态理论、人的本质学说等，都为高校思政课提供了丰富的思想资源和理论支持。这些理论不仅有助于学生正确理解人类社会发展的基本规律，还能引导他们树立正确的世界观、人生观和价值观。例如，教师通过讲解社会存在与社会意识的辩证关系原理，可以引导学生正确认识社会现实，理解社会现象背后的深层次原因；通过讲解社会形态发展理论，可以帮助学生理解人类社会的历史进程，认识不同社会形态的特点和差异；通过讲解意识形态理论，可以帮助学生认识到意识形态的重要性，明白意识形态对于维护社会稳定、促进社会发展具有重要作用；通过讲解人的本质学说，可以帮助学生认识到自己的社会属性和实践属性，明白自己作为社会成员的责任和义务。

二、相关交叉学科的理论

（一）教育学：提供教育规律与方法

教育学作为研究教育现象、揭示教育规律的学科，为高校思政课的教学改革提供了重要的理论支撑。教育学原理告诉我们，教育应该遵循学生的身心发展规律，注重因材施教，采用多样化的教学方法和手段。在高校思政课中，我们可以借鉴教育学的理论成果，结合学生的实际特点和需求，采用启发式、讨论式、案例式等多样化的教学方法，激发学生的学习兴趣和积极性，提高教学效果。

（二）心理学：关注个体心理的发展

心理学是研究人的心理活动规律的科学，为高校思政课的教学改革提供了关于个体心理发展的理论支持。通过对心理学的学习，我们可以更加深入地了解学生的心理特点和需求，关注他们的心理发展和变化。在高校思政课中，我们可以运用心理学的原理和方法，关注学生的情感需求和心理状态，帮助他们解决在学习和生活中遇到的心理问题，提高他们的心理素质和适应能力。

（三）伦理学：强化道德教育

伦理学是研究道德规范和伦理原则的科学，为高校思政课的教学改革提供了道德教育的理论支撑。通过对伦理学的学习，我们可以培养学生的道德情操和道德判断能力，引导他们树立正确的道德观念和行为准则。在高校思政课中，我们可以将伦理学的原理和方法融入教学内容中，通过讲解道德规范和伦理原则，引导学生树立正确的世界观、人生观和价值观，培养他们的道德责任感和社会责任感。

（四）社会学：理解社会现象与问题

社会学是研究社会结构、社会关系和社会变迁的科学，为高校思政课的教学改革提供了理解社会现象和问题的理论视角。通过对社会学的学习，我们可以更加深入地了解社会的运行机制和变化规律，把握社会发展的脉搏和趋势。在高校思政课中，我们可以运用社会学的原理和方法，分析社会现象和问题，引导学生关注社会现实，培养他们的社会责任感和公民意识。

（五）政治经济学：把握经济发展规律

政治经济学是研究生产方式、生产关系和经济基础的科学，为高校思政课的教学改革提供了关于经济发展规律的理论支持。通过对政治经济学的学习，我们可以更加深入地了解资本主义经济制度的本质和矛盾，认识社会主义经济制度的优越性和必然性。在高校思政课中，我们可以将政治经济学的原理和方法融入教学内容中，通过讲解经济发展规律和社会主义经济制度的优越性，引导学生树立正确的经济观念和价值取向。

三、相关理论的融合与创新

高校思政课教学改革的相关理论并不是孤立存在的，而是相互融合、相互促进的。马克思主义理论作为核心指导思想，为其他相关学科的理论提供了宏观的指导和引领；而其他相关学科的理论则为马克思主义理论提供了具体的支撑和补充。在教学实践中，我们应该注重相关理论的融合与创新，将马克思主义理论与其他相关学科的理论有机结合起来，形成具有中国特色的高校思政课教学体系。

同时，随着时代的发展和实践的深入，高校思政课的理论基础也需要不断创新和发展。我们应该密切关注国内外学术前沿动态和实践发展趋势，及时吸收新的理论成果和实践经验，不断丰富和完善高校思政课的理论体系。例如，随着信息技术的发展和网络时代的到来，我们可以将信息技术与高校思政课结合起来，探索高校思政教学的新模式和新方法；随着经济全球化的不断深入，我们可以将全球视野融入高校思政课教学中，引导学生关注全球问题和未来国际社会的发展趋势。

马克思主义理论与相关交叉学科的理论相互支撑、相互补充，共同构成了高校思政课教学改革的坚实理论基础。

第二节　高校思想政治理论课教学改革的基本理念

高校思政课教学改革是适应时代发展要求、提升教学质量、培养德智体美劳全面发展的社会主义建设者和接班人的重要举措。高校思政课的基本理念贯穿其教学改革的全过程，为高校思政课教学改革指明了方向、提供了重要遵循。以下是对高校思政课教学改革基本理念的阐述。

一、协同理念：构建全员、全过程、全方位的育人体系

协同理念是高校思政课教学改革的核心理念之一，它强调在教育教学过程中，各要素之间的协调配合与相互促进，以实现最佳的教育效果。这一理念在高校思政课教学改革中的具体体现，就是坚持以学生为本、三全育人（全员、全过程、全方位育人）和立德树人的有机结合。

（一）以学生为本

以学生为本，意味着高校思政课教学改革必须始终围绕学生的成长成才展开，不断注重满足学生的个性化需求，激发学生的学习兴趣和积极性。这要求我们在

教学过程中，不仅要关注学生的知识掌握情况，更要关注学生的情感体验、价值观形成以及综合素质的提升。通过采用启发式、讨论式、案例式等多样化的教学方法，引导学生主动参与、积极思考，培养他们的自主学习能力和创新精神。同时，我们还要关注学生的心理健康和成长困惑，并及时给予指导和帮助，为他们提供全方位的支持和服务。

（二）三全育人

三全育人理念要求我们坚持全员、全过程、全方位育人。在高校思政课教学中，这意味着我们不仅要发挥思政课教师的主导作用，还要动员全体教职员工共同参与，形成教育合力。具体来说，全员育人就是要加强思政课教师与专业课教师、辅导员、行政管理人员等之间的沟通与协作，共同关注学生的成长成才。同时，我们还要注重将思政教育贯穿学生的整个大学生活，从入学教育到毕业教育，从课堂学习到课外实践，形成全过程育人的良好氛围。此外，我们还要注重思政教育的全方位渗透，将思政教育与专业学习、社会实践、校园文化活动等有机结合起来，实现知识传授与价值引领的双重目标。

（三）立德树人

立德树人是教育的根本任务，也是高校思政课教学改革的重要遵循。通过高校思政课的教学，我们要引导学生树立正确的世界观、人生观和价值观，培养他们的社会责任感和历史使命感。具体来说，就是要通过系统的马克思主义理论教育，帮助学生深刻理解中国特色社会主义道路、理论、制度、文化的科学性和优越性，增强他们的道路自信、理论自信、制度自信、文化自信。同时，我们还要注重培养学生的道德情操和法治意识，引导他们遵守社会公德、职业道德和家庭美德等，助力他们成为有理想、有道德、有文化、有纪律的社会主义建设者和接班人。

二、理论与实践相结合：构建知行合一的教育模式

理论与实践相结合是马克思主义的基本原则，也是高校思政课教学改革的重要理念。它要求我们在教学过程中，既要注重理论知识的传授，也要强化实践环节的教学，实现理论与实践的有机结合。

（一）注重理论知识的传授

理论是实践的指南，没有理论的实践是盲目的实践。在高校思政课教学中，我们首先要注重理论知识的传授，使学生掌握马克思主义基本原理和中国特色社

会主义理论体系的基本内容。这要求我们要不断更新教学内容，将党的最新理论成果及时融入课堂教学之中，帮助学生构建系统的知识体系；同时，还要注重教学方法的改革与创新，采用启发式、探究式等多样化的教学方法。

（二）强化实践环节的教学

实践是检验真理的唯一标准，也是提升学生综合素质的重要途径。在高校思政课教学中，我们要注重实践环节的教学，通过社会实践、志愿服务、课题研究等多种形式，使学生在实践中加深对理论的理解和应用。具体来说，强化实践环节的教学就是要组织学生参与社会调查、志愿服务等活动，让他们亲身体验社会、了解国情民情，增强他们的社会责任感和历史使命感；同时，还要注重将实践教学与理论教学结合起来，通过案例教学、讨论式教学等方法，引导学生在实践中运用所学知识解决实际问题，提升他们的分析和解决问题的能力。

（三）实现理论与实践的有机结合

实现理论与实践的有机结合是高校思政课教学改革的重要目标。为了实现这一目标，我们要注重将理论与实践进行结合，通过案例教学、讨论式教学、项目式教学等多种教学方法和手段，使学生在学习过程中既能够掌握理论知识，又能够运用所学知识解决实际问题。此外，我们还要注重将思政教育与校园文化建设、社会实践等有机结合起来，实现思政教育的全覆盖和全方位渗透。

三、思政课程与课程思政相统一：构建全方位的思政教育体系

思政课程与课程思政相统一是当前高校思政课教学改革的重要趋势。它要求高校要将思政教育贯穿于专业课程教学中，实现思政教育与专业课程教学的融合。

（一）推动思政课程的创新与发展

思政课程是思政教育的主渠道。为了提高思政课程的吸引力和感染力，高校要注重优化教学内容、改进教学方法、完善评价体系等。具体来说，高校应及时更新教学内容，将党的最新理论成果及时融入课堂教学之中；采用启发式、探究式等多样化的教学方法，激发学生的学习兴趣和积极性；建立科学合理的评价体系，全面客观地评价学生的学习成果。通过这些措施的实施，高校可以使思政课程更加贴近学生生活实际、更加符合时代要求，从而提高思政课程的教学效果和质量。

（二）促进课程思政的融入与渗透

课程思政是指将思政教育元素融入专业课程教学中的一种教学模式。为了促进课程思政的融入与渗透，高校要鼓励专业课教师在教学过程中注重挖掘课程中的思政教育资源，将专业知识与思政教育有机结合起来。具体来说，促进课程思政的融入与渗透就是要引导专业课教师深入挖掘课程中的历史背景、文化内涵和社会价值等元素，将其与思政教育内容结合起来，实现知识传授与价值引领的双重目标。同时，高校还要注重加强思政课教师与专业课教师之间的沟通与协作，共同推动课程思政的实施和开展。

（三）实现思政课程与课程思政的相互促进

思政课程与课程思政的相互促进是高校思政课教学改革的重要目标。为了实现这一目标，高校要注重加强思政课教师与专业课教师之间的沟通与协作，推动思政课程与课程思政的相互融合和共同提升。具体来说就是，高校要定期组织思政课教师与专业课教师进行教学研讨和经验分享活动，共同探讨如何将思政教育融入专业课程教学中；要建立科学合理的激励机制和评价体系，鼓励教师在教学改革中发挥主体作用和创新精神；要加强教师之间的团队协作和交流合作，形成思政教育的合力。通过这些措施的实施，高校可以使思政课程与课程思政相互促进、共同提升，形成全方位的思政教育体系。

四、教师为本与队伍建设：打造高素质专业化的教师团队

教师是高校思政课教学改革的主体和关键。因此，坚持教师为本、加强教师队伍建设是高校思政课教学改革的重要途径。

（一）提高教师的政治素养和业务能力

教师的政治素养和业务能力是高校思政课教学改革的基础和保障。为了提高教师的政治素养和业务能力，高校要注重加强教师的政治理论学习和业务培训。具体来说，高校要定期组织教师进行政治理论学习和交流活动，提高他们的政治觉悟和理论水平；要开展教师的业务培训和实践锻炼活动，提高他们的教学能力和实践经验。同时，高校还要注重引导教师关注社会热点问题和学术前沿动态，不断更新知识结构和教学理念，为高校思政课教学改革提供有力的支持。

（二）完善教师的激励机制和评价体系

完善的激励机制和评价体系是激发教师积极性和创造性的重要手段。为了完

善教师的激励机制和评价体系，高校要注重建立科学合理的考核机制和奖励制度。具体来说，高校要根据教师的教学成果、科研成果和社会服务等方面的表现进行综合评价；要对表现优秀的教师给予表彰和奖励；对存在问题的教师及时进行指导和帮助。同时，高校还要注重加强教师的职业发展规划和个性化指导活动，帮助他们明确职业发展方向和目标；要提供必要的支持和帮助，激发他们的积极性和创造性。

（三）加强教师的团队协作和交流合作

团队协作和交流合作是推动教学改革深入开展的重要保障。为了加强教师的团队协作和交流合作，高校要注重组织各种形式的教学研讨和经验分享活动。具体来说，高校要定期组织思政课教师进行教学研讨和经验分享活动；邀请专家学者进行学术讲座和交流活动；组织教师参加国内外学术会议和培训活动等方式来加强教师之间的交流和合作。通过这些活动的开展，高校可以促进教师之间的经验交流和知识共享；推动教学改革的深入开展和不断创新；提高教师的教学水平和科研能力。同时，高校还要注重加强教师之间的团队协作活动，通过组织团队合作项目、共同承担教学任务等方式来加强教师之间的协作和配合能力，形成优势互补、资源共享的良好氛围。

综上所述，高校思政课教学改革的基本理念包括协同理念、理论与实践相结合、思政课程与课程思政相统一以及教师为本与队伍建设等方面。在未来的教学实践中，高校要继续坚持和发展这些理念，不断探索和创新教学方法和手段，为培养德智体美劳全面发展的社会主义建设者和接班人做出更大的贡献。

第三节　高校思想政治理论课教学改革的基本原则

在高等教育体系中，高校思政课是落实立德树人根本任务的关键课程。为了进一步提升高校思政课的吸引力和实效性，高校必须明确并坚持一系列基本原则。本节将从几个重要原则出发，探讨高校思政课教学改革的基本原则。

一、坚持正确政治方向的原则

坚持正确的政治方向原则，首先要求思政课的教学内容必须紧密围绕党的教育方针来展开。党的教育方针是教育工作的根本遵循，思政课作为党的意识形态工作的一部分，必须始终将党的教育方针贯穿于教学的全过程，确保教学内容与党的路线方针政策保持高度一致。这意味着思政课教师既要传授马克思主义基本原理和基本知识，又要引导学生深刻理解党的理论和路线方针政策，培养学生的政治觉悟和思想品质。

全面贯彻习近平新时代中国特色社会主义思想，是坚持正确的政治方向原则的具体体现。这一思想是马克思主义中国化时代化的最新理论成果。

思政课作为传播这一思想的重要渠道，必须将这一理论融入教学的各个环节，通过系统讲授、专题研讨、实践教学等多种方式，使学生深刻领会其精神实质和丰富内涵。思政课教师要不断学习、深入研究，提高自身的理论素养和教学能力。

确保教学的政治性、思想性和理论性相统一，是坚持正确的政治方向原则的内在要求。政治性要求思政课要鲜明地彰显党的政治立场和主张；思想性注重培养学生的思想品质和道德情操；理论性则要求思政课教师应深入浅出地讲授马克思主义理论。这三者相辅相成，共同构成了思政课的教学特色。思政课教师应将三者进行有机融合，通过引用案例、深入分析和严谨论证，使学生全面掌握理论知识、坚定政治立场、提高思想境界。

思政课作为党的意识形态工作的重要组成部分，其必须始终同党中央保持高度一致，坚决拥护党的领导和决策。思政课教师要时刻关注党的最新理论成果，及时将其融入教学内容，确保学生及时了解党的最新动态。同时，思政课教师要引导学生增强政治敏锐性和鉴别力，学会从政治高度看待和分析问题，坚决抵制错误思潮和不良思想倾向。

引导学生坚定理想信念，是坚持正确的政治方向原则的重要目标。理想信念是人生的灯塔和动力，思政课作为培养学生理想信念的重要阵地，必须注重引导学生树立正确的世界观、人生观和价值观。思政课教师要通过深入浅出的讲授和生动的实践教学，使学生深刻认识到马克思主义的科学性和真理性，坚定学生对社会主义和共产主义的信念。同时，思政课教师还要关注学生的思想动态和心理需求，及时给予学生引导和支持。

坚定“四个自信”，即坚定中国特色社会主义道路自信、理论自信、制度自信、文化自信，是坚持正确的政治方向原则的具体实践。思政课作为让学生坚定“四个自信”的重要途径，必须注重通过丰富多样的教学内容和形式，引导学生深刻理解和认同中国特色社会主义。思政课教师要深入挖掘中国特色社会主义的丰富内涵和实践成果，使学生深刻感受到中国特色社会主义的伟大魅力和广阔前景。

为了实现这一目标，思政课教师要不断创新教学方法和手段，注重应用启发式教学、讨论式教学、案例教学等多样化教学方法；同时，还要充分利用现代信息技术手段，拓宽教学渠道和资源，提高教学质量和效率。

此外，思政课教师还应注重与学生的互动交流。思政课的教学过程不仅是知识的传授过程，更是思想的碰撞和交流过程。思政课教师要尊重学生的主体地位和个性差异，鼓励学生表达自己的观点和看法，通过讨论和辩论深化学生对问题的理解。同时，思政课教师还要关注学生的思想动态和心理变化，及时给予引导和支持，帮助他们健康成长。

二、教书与育人相结合的原则

教书与育人相结合的原则，强调思政课教师在传授知识的过程中，必须注重对学生的价值引领和人格塑造，实现知识传授与价值引领的双重目标。这一原则既体现了思政课教学的特殊性，也彰显了其在高等教育体系中的独特地位和作用。

首先，我们要明确，思政课不仅仅是一门传授知识的课程，更是一门育人的课程。在思政课的课堂上，思政课教师不仅要讲授马克思主义基本原理等相关内容，还要通过对这些知识的传授，引导学生树立正确的世界观、人生观和价值观。这是因为，世界观、人生观和价值观决定着一个人对世界的看法、对人生的态度和对价值的追求。思政课教师必须充分利用课堂这一阵地，通过生动的案例、深入的剖析，帮助学生树立正确的世界观、人生观和价值观，为他们的成长成才奠定坚实的思想基础。

在传授知识的过程中，思政课教师要注重将知识传授与价值引领相融合。知识是价值的载体，而价值则是知识的灵魂。思政课教师所传授的每一个知识点，都蕴含着深刻的价值内涵。例如，在讲授马克思主义基本原理时，思政课教师可以引导学生认识到马克思主义的科学性和真理性，从而增强他们的马克思主义信仰；在讲授中国特色社会主义理论体系时，思政课教师可以引导学生深刻理解中国特色社会主义的“四个自信”，进而增强他们的爱国情感和民族自豪感。通过这些知识的传授和价值引领，思政课教师可以帮助学生形成正确的价值观念和价值取向，为他们的全面发展奠定坚实的思想基础。

同时，思政课教师还肩负着培养学生的道德品质和社会责任感的重任。道德品质是个体的立身之本，社会责任感则是个体担当之基。思政课教师可以通过讲述英雄人物的事迹、分析社会热点事件等方式，引导学生树立正确的道德观念，培养他们的道德品质和道德情操。同时，思政课教师还可以结合课程内容，引导学生关注社会现实，增强他们的社会责任感和历史使命感。比如，在讲授生态文明建设时，思政课教师可以强调环境保护的重要性，鼓励学生积极参与环保活动，为建设美丽中国贡献自己的力量；在讲授法治建设时，思政课教师可以引导学生树立法治观念，让学生自觉遵守法律法规，维护社会公平正义。这些方式有助于学生形成健全的人格和高尚的品德，为他们的成长成才提供有力的道德支撑。

此外，思政课教师还应关注学生的全面发展。人的全面发展是教育的终极目标，也是思政课教学的重要任务。在思政课的课堂上，思政课教师不仅要关注学生的知识掌握情况，还要关注他们的身心健康和人格养成。身心健康是人的全面发展的基石，人格养成则是人的全面发展的关键。因此，思政课教师要注重培养学生的身心健康理念，引导他们树立正确的健康观念，养成良好的生活习惯和运动习惯。同时，思政课教师还要密切关注学生的心理健康状况，及时为他们提供必要的心理支持和辅导。在人格养成方面，思政课教师要着重培养学生的独立思考能力、创新精神和实践能力，引导他们形成积极向上、勇于担当的人格特质。

为了实现学生的全面发展，思政课教师还需不断创新教学方法和手段。传统的教学方法和手段往往侧重于知识的灌输和记忆，而忽视了学生的主体性和创造性。因此，思政课教师应积极探索和实践新的教学方法和手段，如启发式教学、讨论式教学、案例教学等。启发式教学能够激发学生的学习兴趣和思维活力，引导他们主动思考和探索问题；讨论式教学有助于促进学生的思想交流和碰撞，培养他们的团队协作能力和表达能力；案例教学则通过具体生动的案例，帮助学生理解和掌握抽象的理论知识。同时，思政课教师还应充分利用现代信息技术手段，如多媒体教学、网络教学等，拓宽教学渠道和资源，提高教学质量和效率。

在思政课的教学过程中，思政课教师还应注重与学生的互动交流。教学是一个双向互动的过程，只有教师和学生之间形成良好的互动和交流，才能实现知识的有效传授和价值的深入引领。因此，思政课教师要尊重学生的主体地位和个性差异，鼓励他们表达自己的观点和看法，通过讨论和辩论深化对问题的理解和认识。同时，思政课教师还要密切关注学生的思想动态和心理变化，及时给予思想上的引导和心理上的支持。当学生遇到困难和挫折时，思政课教师要耐心倾听他们的诉说，给予他们鼓励和帮助；当学生取得进步和成绩时，思政课教师要及时给予肯定和表扬，培养他们的学习积极性和自信心。

除了课堂教学，思政课教师还应重视课外实践活动的开展。课外实践活动是思政课教学的重要组成部分，也是实现教书与育人相结合的重要途径。通过组织学生参与社会实践、志愿服务、文化体验等活动，思政课教师可以帮助学生将课堂所学知识与社会实际结合起来，增强他们的社会责任感和实践能力。同时，课外实践活动还能够拓宽学生的视野和思路，培养他们的创新精神和团队协作能力。因此，思政课教师要积极策划和组织各种形式的课外实践活动，为学生提供更多的实践机会和平台。

此外，思政课教师还应不断提升自身的素质和能力。教书与育人相结合的原则要求思政课教师不仅要具备扎实的专业知识和教学技能，还要具备高尚的道德品质和人格魅力。因此，思政课教师要不断学习新知识、新技能，更新教育观念和教学方法；同时，还要注重自身的道德修养和人格养成。只有这样，才能更好地履行教书育人的职责和使命。

综上所述，教书与育人相结合的原则是思政课教学的重要理念。在思政课的教学过程中，思政课教师必须将教书与育人紧密结合起来，实现知识传授与价值引领的双重目标。同时，思政课教师还要关注学生的全面发展、身心健康和人格养成，积极探索和实践新的教学方法和手段，加强与学生的互动交流，注重课外实践活动的开展，以及不断提升自身素质和能力。只有这样，思政课教师才能更好地履行思政课教师的职责和使命，为培养德智体美劳全面发展的社会主义建设者和接班人贡献自己的力量。

三、守正与创新相统一的原则

在思政课教学改革的广阔舞台上，守正与创新如并蒂莲开，相辅相成。它们共同构成了改革的双翼，推动思政课不断前行。

守正是改革的基石，它意味着高校应坚守思政课的本质，确保教学内容的科学严谨。思政课作为高等教育的重要一环，承载着知识传授、能力培养、价值观塑造等多重使命。思政课教学的目的在于引导学生树立正确世界观、人生观、价值观，坚定学生的马克思主义信仰，以及对社会主义和共产主义的信念。这要求思政课教学内容必须与时俱进，符合国家方针政策。

守正还体现在思政课教师对教学规范的坚守。思政课有其独特的教学体系和方法。思政课教师需遵循教育规律，注重知识传授和能力提升，同时关注对学生情感、态度和价值观的培养。这要求思政课教师既要有专业知识，又要有教学素养和人文关怀。

然而，守正并非故步自封。在坚守原则的同时，思政课必须与时俱进，不断创新，创新是改革的动力。随着时代进步与社会发展，思政课的教学内容、方法和手段也需更新和完善。

在教学内容上，思政课要紧跟时代，反映党的最新理论成果和国家政策，将理论与实际紧密结合。例如，思政课教师可以将党的最新会议精神、国家政策融入课堂，让学生深刻理解其背后的意义，增强学生的政治敏锐性和社会责任感。

在教学方法上，思政课教师应摒弃灌输式教学，采用灵活多样的教学方法。案例分析、小组讨论、角色扮演等互动式教学能激发学生的学习兴趣，培养学生分析问题和解决问题的能力，促进学生之间的交流与合作。

在教学手段上，慕课、微课等为思政课提供了丰富的教学资源。慕课可打破时间和空间的限制，让学生随时随地学习；微课则有助于学生更好地掌握知识点。此外，虚拟现实、增强现实、人工智能等技术也可应用于教学中，为学生提供丰富的学习体验。

在利用新媒体技术时，思政课教师需确保教学内容的科学性，合理安排教学时间和节奏，加强对学生学习过程的监督和管理。

守正与创新相统一是思政课教学改革的重要路径。守正能够为创新奠定基础，创新能够为守正注入活力。思政课教师要坚持正确的政治方向，遵循教育规律，关注学生成长；同时积极探索新的教学技术和模式，根据时代发展调整教学内容和方法，利用新媒体技术拓宽教学渠道。

总之，守正与创新相统一是思政课教学改革的重要原则。只有将两者结合起来，才能推动改革不断取得新成效。未来，思政课将继续坚守本质，不断创新发展，为培养新时代青年做出更大贡献。

四、理论与实践相结合的原则

理论与实践相结合的原则，要求思政课必须紧密联系社会实际。思政课的教学内容不应局限于书本上的理论知识，而应与时俱进，反映社会发展的最新动态和热点问题。这就要求思政课教师在备课时，不仅要深入钻研教材，还要广泛关注社会新闻、政策动态，将理论与实践紧密结合，使课堂内容更加生动、鲜活。例如，在讲解政治经济学原理时，思政课教师可以结合当前全球经济形势、国际贸易摩擦等实例，分析经济现象背后的深层次原因，从而使学生在理解理论知识的同时，增强对现实世界的认知和理解。

理论知识与社会实践相结合，是理论与实践相结合原则的核心内容。思政课的教学目的不仅是传授知识，更重要的是培养学生的实践能力和创新思维。因此，思政课教学应注重引导学生参与社会实践，使学生通过亲身体验来加深对理论知识的理解。高校可以组织多种形式的社会实践活动，如社会调查、志愿服务活动、实习实训等，让学生走出校园，接触社会，了解国情、民情。

在社会调查方面，思政课教师可以根据课程内容设计调查主题，如农村经济发展状况、城市居民生活满意度、环境保护意识等，让学生分组进行实地调研。学生能够通过收集数据、分析问题、提出建议的过程，锻炼自己的调查研究能力，并在实践中深化对相关理论知识的认识。以农村经济发展状况调查为例，在这一调查过程中，学生会接触到农业政策、农村土地制度、农民收入结构等理论知识，通过实地调研和数据分析，他们能够更深入地理解这些理论在现实中的应用和影响。

志愿服务活动是理论与实践相结合的另一重要途径。通过参与志愿服务活动，学生能够亲身体验到服务社会的乐趣和责任，从而增强社会责任感和使命感。高校可以与社区、养老院、孤儿院等机构建立合作关系，定期组织学生开展志愿服务活动。在这个过程中，学生会遇到各种实际问题和挑战，如如何与老人有效沟通、如何照顾儿童、如何组织社区活动等。这些问题需要他们运用所学知识去解决，从而在实践中锻炼自己的组织协调能力、沟通能力和解决问题的能力。

此外，实习实训也是实现理论与实践相结合的重要方式。高校可以与相关企业、事业单位建立实习实训基地，让学生在实际工作岗位上体验职业角色，了解职业规范和工作流程。通过实习实训，学生不仅能够将所学知识应用于实际工作中，提高自己的职业素养和实践能力，还能明确自己的职业规划和发展方向，为未来的职业生涯做好充分准备。

除了组织社会实践活动，高校还可以邀请社会知名人士、专家学者进校园开展讲座或研讨会。这些社会知名人士和专家学者在各自领域有着丰富的经验和独到的见解，他们的讲座和研讨会能够为学生提供多样的思考角度。通过与他们交流和互动，学生能够了解到不同领域的前沿动态和发展趋势，从而拓宽自己的知识面和视野。

例如，高校可以邀请经济学家来校讲解当前的经济形势和未来的经济发展趋势，帮助学生更深入地理解经济理论；邀请法学家讲解法律法规和司法实践，增强学生的法律意识和法治观念；邀请企业家分享创业经历和管理经验，激发学生的创业热情和创新精神。这些讲座和研讨会不仅能够丰富学生的课余生活，还能激发他们对学习的兴趣和热情，进而提高他们的综合素质和创新能力。

在理论与实践相结合的过程中，思政课教师的角色至关重要。作为思政课教学的组织者和实施者，思政课教师的教学理念、教学方法和教学水平直接影响着教学效果。因此，思政课教师应不断更新教学理念，改进教学方法，提高自己的教学能力和水平。思政课教师要注重培养学生的实践能力和创新思维，鼓励他们在实践中探索、在创新中成长。同时，思政课教师还要关注学生的个性差异和兴趣爱好，因材施教，让每个学生都能在自己擅长的领域得到发展和提高。

高校也应为理论与实践相结合提供有力的支持和保障。高校应加强对思政课教学改革的领导和管理，制订科学合理的教学计划和课程安排。同时，高校还应加大对思政课教学的投入和支持力度，提供必要的教学设施和条件。例如，高校可以建设社会实践基地、实习实训基地等，为师生提供开展实践活动的场所和设施；还可以购买相关教学软件和资料库，为师生提供丰富的教学资源和学习资料。

此外，高校还应建立完善的评价体系和激励机制。评价体系应注重考查学生的实践能力和创新思维的培养情况，以及思政课教师在教学过程中的教学态度、教学方法和教学效果等；激励机制则应鼓励思政课教师和学生积极参与实践活动和教学改革，提高他们的积极性和创造性。

理论与实践相结合的原则在思政课教学改革中具有重要的意义和价值。该原则不仅能够提高思政课的教学效果和学生的综合素质，还能够培养学生的实践能力和创新思维，增强他们的社会责任感和历史使命感。因此，高校应深入贯彻理论与实践相结合的原则，不断推进思政课教学改革和创新，为培养德智体美劳全面发展的社会主义建设者和接班人做出更大的贡献。

在未来的思政课教学改革中，高校应继续坚持理论与实践相结合的原则，不断探索和实践新的教学方法和模式。同时，高校还应加强与社会各界的合作与交流，共同推动思政课教学的改革与发展。在各方的共同努力下，思政课教学将取得更加显著的成效、更加辉煌的成就。

五、全员、全过程、全方位育人原则

在高等教育体系中，高校思想政治工作（以下简称“高校思政工作”）始终占据着重要地位。它不仅是塑造学生正确世界观、人生观和价值观的关键，也是促进学生全面发展，培养其成为社会主义合格建设者和可靠接班人的重要基石。全员、全过程、全方位育人作为高校思政工作的重要理念，体现了高校思政工作的全面性、系统性和协同性，为思政课教学改革指明了方向、提供了重要遵循。

（一）全员育人：汇聚力量，形成合力

全员育人强调高校思政工作必须调动全校各方面的力量和资源，形成协同育人的氛围。为实现这一目标，高校应从多个层面入手，构建全面的育人体系。

思政课教师是高校思政工作的核心力量。思政课教师不仅传授理论知识，更引导学生的思想成长。因此，高校应重视思政课教师队伍的建设，通过培训、交

流等方式提高思政课教师的教学水平和育人能力，并鼓励思政课教师创新教学方法，如采用案例教学、讨论式教学等，以激发学生的学习兴趣，提高教学效果。

同时，其他课程教师也应承担相应的育人责任。高校应推动思政课程与课程思政的结合，将思政教育融入各门课程。无论是专业课程还是通识课程，各课程教师都应挖掘其中的思政元素，引导学生在学习专业知识的同时，树立正确的价值观念和道德观念。

学生自身也是全员育人的重要部分。高校应充分发挥学生的主体作用，鼓励他们积极参与思政活动，通过自我管理、自我教育、自我服务等方式，提高学生的思想政治素养和综合能力。

（二）全过程育人：贯穿始终，注重衔接

全过程育人强调高校思政工作应贯穿学生教育的全过程，从入学到毕业，每个阶段都应注重思政教育的渗透。

在新生入学阶段，高校应通过入学教育、军训等活动，帮助学生适应大学生活，制订正确的学习目标和人生规划，并加强心理健康教育，帮助他们克服迷茫和焦虑。

在教学过程中，各课程教师应注重思政课与专业课程的融合，将思政教育渗透到课堂教学的各个环节。教师应通过案例分析、专题讨论等方式，引导学生思考社会热点问题，培养他们的社会责任感和历史使命感。

在实习实训阶段，高校应利用校企合作、社会实践等平台，为学生提供更多的实践机会。通过参与社会实践、志愿服务等活动，学生可以更直观地了解社会、服务社会，增强社会责任感和实践能力。

在毕业就业阶段，高校应加强职业规划教育和就业指导服务，帮助学生树立正确的就业观念，提高学生的就业竞争力。同时，高校还应关注毕业生的后续发展，通过校友会等方式与毕业生保持联系，为他们提供持续支持。

全过程育人还要求高校注重教育阶段之间的衔接和过渡，确保教育内容和教育方法相互衔接、相互补充，形成完整的育人体系。同时，高校应根据学生的成长规律和认知特点，适时调整教育策略和方法，确保高校思政工作的针对性和实效性。

（三）全方位育人：拓展领域，全面发展

全方位育人强调高校思政工作应拓展到学生生活的各个领域，包括课堂教学、课外活动、校园文化、社会实践等领域，以实现学生的全面发展。

在课堂教学方面，高校应注重思政课的创新和改革，优化课程内容、改进教学方法、完善评价体系，提高思政课的吸引力和感染力；同时，应加强思政课与其他课程的融合与渗透，形成协同效应，共同促进学生发展。

在课外活动方面，高校应积极开展丰富多彩的思政活动，如主题演讲、知识竞赛、文艺演出等，以丰富学生的课余生活，激发他们的爱国情怀和民族自豪感。同时，高校应鼓励学生参与学生组织、社团活动，培养他们的团队协作和组织协调能力。

在校园文化方面，高校应营造积极向上的校园文化氛围，加强校园文化建设、弘扬校园精神，引导学生树立正确的价值观念和道德观念。同时，高校应注重校园文化的传承和创新，让校园文化成为育人的重要载体。

在社会实践方面，高校应充分利用社会资源和实践平台，为学生提供更多的实践机会。通过参与社会调研、志愿服务、科技创新等活动，学生可以更深入地了解社会、服务社会。同时，社会实践还可以帮助学生将所学知识运用到实际工作中，提高他们的实践能力。

全方位育人还要求高校注重育人的全面性和系统性，充分考虑学生的身心发展特点和成长需求，培养他们的综合素质和创新能力。同时，高校应关注学生的个体差异和需求多样性，因材施教、因人施教，为每个学生提供适合的教育方式和方法。

综上所述，全员、全过程、全方位育人是高校思政课教学改革的基本原则之一。实施这一原则需要高校从多个层面入手，构建全面的育人体系；将这一原则贯穿于学生教育的全过程，注重教育阶段之间的衔接和过渡；将这一原则拓展到学生生活的各个领域，实现学生的全面发展。唯有如此，高校才能真正培养出德智体美劳全面发展的社会主义建设者和接班人。

六、问题导向与目标导向相结合的原则

（一）问题导向的内涵及其实践

问题导向要求思政课教学应紧密围绕学生关切的热点问题和困惑点展开。在信息爆炸的当今时代，学生对社会现象、国家政策、国际局势等问题怀有浓厚兴趣与强烈求知欲。作为引导学生树立正确世界观、人生观和价值观的前沿阵地，思政课必须敏锐捕捉这些热点问题，并将其巧妙融入教学内容。深入剖析热点问题，能够引导学生探究问题背后的缘由、影响及解决路径，从而激发他们的思维活力，培养他们的批判性思维和问题解决能力。同时，思政课还需关注学生的学

习难点，采用生动形象的教学方式，结合学生的生活实际和认知水平，进行深入浅出的讲解和引导，帮助学生突破思想上的瓶颈。

（二）目标导向的价值及其实施

仅凭问题导向尚不足以确保思政课的教学质量和效果，明确教学目标和要求同样至关重要。目标导向要求思政课在教学内容和教学方法的选择上应始终围绕既定的教学目标展开，这些目标涵盖知识层面、能力层面及价值观念等。明确的教学目标为思政课教学提供了清晰的方向和指引，思政课教师可以根据教学目标精选教学内容和教学方法，如采用讲授法、讨论法传授理论知识，通过案例分析、角色扮演等实践方式锻炼学生的能力，以及通过价值澄清、情感熏陶等方法引导学生形成正确的价值观念和道德观念。

（三）问题导向与目标导向相结合的重要性

问题导向与目标导向相结合在思政课教学改革中发挥着举足轻重的作用。首先，这一原则增强了思政课的针对性和实效性，使思政课更加贴近学生的实际需求和认知水平，从而增强教学的吸引力和感染力。同时，明确的教学目标指引和问题导向的驱动，能够促使教师在教学过程中更加注重学生的主体性和能动性，激发他们的学习兴趣和积极性。其次，这一原则有助于全面培养学生的综合素质和能力，包括批判性思维、问题解决能力、知识素养、实践能力和团队协作能力等。最后，这一原则推动了思政课的创新和发展，思政课教师需要不断探索和创新教学方法和手段，以适应学生成长需求和社会发展要求。

（四）落实问题导向与目标导向相结合的原则需注意的事项

在落实问题导向与目标导向相结合的原则时，思政课教师需注意以下几点：一是要准确把握学生思想动态和需求，密切关注学生的思想变化和心理状态，及时了解他们关心的热点问题和难点问题；二是要科学设定教学目标和要求，充分考虑学生的实际情况和认知水平，使教学目标和要求既符合教育规律和人才培养目标，又具有可操作性和可评估性；三是要注重教学方法和教学手段的创新运用，积极探索和创新教学方法和教学手段，以适应学生的成长需求和社会发展要求，增强思政课的吸引力和感染力。

综上所述，问题导向与目标导向相结合的原则是思政课教学改革的重要指导思想。这一原则要求思政课紧密围绕学生关心的热点问题和难点问题展开教学，同时明确教学目标和要求，确保教学内容和教学方法始终围绕目标展开。

在未来的教学实践中，思政课教师应继续深化对这一原则的认识和理解，加强对学生思想动态和需求的调研分析，加强对教学目标和要求的设定评估，积极探索和创新教学方法和手段，不断丰富思政课的教学形式和渠道。相信在全体思政课教师的共同努力下，思政课的教学质量将会不断提高，为培养新时代青年做出更大贡献。

第四章　高校思想政治理论课教学方法的改革与优化

高校思政课作为培育学生社会主义核心价值观、增强学生国家认同感和民族自豪感的重要阵地，其教学方法的改革与优化显得尤为重要。本章将从当前高校思政课教学方法改革的形势出发，深入分析经济全球化、信息化时代的教学变革、高等教育改革以及学生需求的多元化与个性化对教学方法的影响，并进一步说明高校思政课教学方法改革的紧迫性；进而探讨高校思政课教学方法改革的理论依据、政策导向和实践基础；最后提出高校思政课教学方法的改革路径与优化策略。

第一节　高校思想政治理论课教学方法改革的形势

一、经济全球化背景下的挑战与机遇

随着经济全球化的深入发展，不同文化、思想和价值观的交流日益频繁。这一趋势不仅改变了国际政治经济格局，也对教育领域产生了深远影响。对于高校思政课而言，经济全球化既带来了挑战，也孕育了机遇。

（一）经济全球化带来的挑战

1. 多元文化的挑战

经济全球化促进了不同文化之间的交流，使得学生在日常学习和生活中接触到了来自世界各地的文化和价值观。这种多元文化环境一方面拓宽了学生的视野，另一方面也给他们的思想观念带来了冲击。高校思政课需要引导学生正确理解和应对多元文化的挑战，帮助他们树立正确的世界观、人生观和价值观，增强他们对中国特色社会主义的道路自信、理论自信、制度自信和文化自信。

2. 国际比较与竞争

在经济全球化的背景下，高等教育领域的国际交流与合作日益频繁，各国高校之间的比较与竞争也日益激烈。这就要求高校思政课不仅要关注国内形势，还要具有国际视野，增强学生对中国特色社会主义的认同感和自豪感。

（二）经济全球化带来的机遇

1. 丰富的教学资源

经济全球化使得高校思政课可以借鉴国际上的先进教学理念和教学方法，丰富教学资源。例如，高校可以引进国外优秀的教材、案例和教学方法，为课堂教学提供有力支持。同时，高校还可以通过国际交流与合作，邀请国外专家学者来校讲学或开展联合研究，提升教学质量和学术水平。

2. 国际经验借鉴

不同国家和地区在高校思政课教学方面积累了丰富的经验。学习和借鉴这些经验，可以为我国高校思政课教学方法的改革提供有益的参考。例如，一些国家在利用现代信息技术进行教学创新、开展实践教学等方面取得了显著成效，这些经验都值得我国高校借鉴。

二、信息化时代的教学变革

信息技术的飞速发展，特别是互联网、大数据、人工智能等技术的广泛应用，为高校思政课教学方法的改革提供了强大的技术支持。信息化教学不仅丰富了教学手段，还提高了教学的互动性和针对性。然而，信息化教学也对教师的信息素养和教学能力提出了更高要求。

（一）信息化教学带来的变革

1. 教学手段更加丰富

信息化教学使得高校思政课的教学手段更加丰富。例如，网络教学、多媒体教学等新型教学方式的出现，打破了传统课堂教学的时空限制，使得学生可以随时随地进行学习。同时，这些新型教学方式还提供了更加直观、生动的教学资源，如视频、音频等，有助于增强教学效果。

2. 教学的互动性得到了提高

信息化教学强调师生之间的互动和交流。通过利用互联网和社交媒体平台，教师可以与学生进行实时互动，解答学生的疑问，了解学生的学习需求和反馈。

这种教学互动性的提高有助于增强师生之间的沟通和理解，从而提高教学效率。

3. 教学的针对性得到了增强

大数据技术的应用使得高校思政课可以更加精准地了解学生的学习情况和需求。通过对学生的学习数据进行挖掘和分析，教师可以发现学生的学习特点和规律，进而制订更加有针对性的教学计划和策略。这种教学针对性的增强有助于提高教学效率。

（二）信息化教学对教师的要求

1. 提升信息素养

信息化教学要求教师具备较高的信息素养。教师需要掌握互联网、大数据、人工智能等技术的基本原理和应用方法，能够熟练运用这些技术进行教学设计和实施。同时，教师还需要具备信息安全意识，保护学生的个人隐私和学习数据不被泄露。

2. 更新教学理念

信息化教学要求教师应不断更新教学理念。教师需要从传统的以教师为中心的教学模式向以学生为中心的教学模式转变，注重培养学生的创新能力和实践能力。同时，教师还需要关注学生的学习需求和反馈，及时调整教学策略和方法，以适应信息化时代的教学需求。

3. 提升教学能力

信息化教学要求教师应具备较高的教学能力。教师需要掌握多种教学方法和手段，能够灵活运用这些方法进行课堂教学和实践教学。同时，教师还需要具备较强的教学设计和组织能力，能够根据学生的实际情况制订合理的教学计划和策略。

三、高等教育改革的深入推进

近年来，我国高等教育改革不断深入，对高校思政课的教学质量和效果提出了更高的要求。高等教育改革不仅推动了高校教育教学体系的完善和发展，也为高校思政课教学方法的改革提供了有力支持。

（一）高等教育改革对高校思政课的要求

1. 以学生为中心

高等教育改革强调以学生为中心的教学理念。这一理念要求高校思政课必须关注学生的学习需求和兴趣点。同时，教师还需要关注学生的个性差异和认知特点，制订更加个性化的教学计划和策略。

2. 教学质量和效果的提升

高等教育改革对高校思政课的教学质量和效果提出了更高的要求。为了提升教学质量和效果，高校需要加强对思政课的教学管理和监督评估工作。通过建立健全的教学质量监控体系和评估机制，可以及时发现和解决教学中存在的问题和不足，推动教学改革和创新。

（二）高等教育改革为高校思政课提供的支持

1. 政策支持

近年来，我国政府出台了一系列政策来支持高校思政课的建设和发展。例如，《新时代高等学校思想政治理论课教师队伍建设规定》等政策的出台为高校思政课教师队伍的建设提供了有力保障；《高等学校思想政治理论课建设标准（2021年本）》等标准的制定为高校思政课的教学质量和效果提供了明确要求和评价标准。

2. 资源投入

高等教育改革推动了高校对思政课资源投入的增加。高校可以加大对思政课教学设施、教学设备和教学材料的投入力度，提升教学条件和水平。同时，高校还可以加强对思政课教师队伍的培训和支持力度，提高思政课教师的专业素养和教学能力。

3. 国际交流与合作

高等教育改革促进了高校之间的国际交流与合作。通过与国际知名高校和学术机构的交流与合作，高校可以引进先进的教学理念和方法，提升思政课的教学质量和效果。同时，高校还可以通过国际交流与合作拓展学生的国际视野和跨文化交流能力。

四、学生需求的多元化与个性化

学生成长于信息爆炸的时代，他们具有强烈的好奇心和求知欲，对知识的获取途径和学习方式有着多元化的需求。同时，由于每个学生的成长环境、兴趣爱好和认知水平存在差异，他们对高校思政课的教学内容和教学方法也有着多元化与个性化的需求。

（一）学生需求的多元化

1. 知识获取的多元化

学生可以通过多种途径获取知识，如互联网、社交媒体、图书馆等。这种知识获取途径的多元化使得他们对高校思政课的教学内容提出了更高的要求。他们希望课程内容能够与时俱进、贴近实际、生动有趣，以满足他们的学习需求。

2. 学习方式的多元化

学生对学习方式也有着多元化的需求。他们希望在传统的课堂教学方式的基础上，通过实践教学、网络教学等多种方式进行学习。这种学习方式的多元化要求高校思政课必须不断创新教学方法和手段，以满足学生的学习需求。

（二）学生需求的个性化

1. 对个性差异的关注

每个学生都有自己的个性特点和认知风格。高校思政课需要关注学生的个性差异和认知特点，制订更加个性化的教学计划和策略。例如，对于喜欢思考的学生，教师可以引导他们进行深入探讨和研究；对于喜欢实践的学生，教师可以组织他们进行实践活动和社会调查等。

2. 学习兴趣的激发

高校思政课需要关注学生的学习兴趣和动机，通过了解学生的学习兴趣和动机，制订更加符合他们需求的教学计划和策略。例如，教师可以通过引入与现实生活紧密相关的案例和话题来激发学生的学习兴趣和动机，还可以通过组织丰富多彩的实践活动和社会调查来增强学生的学习体验和感受。

五、高校思政课教学方法改革的紧迫性

面对经济全球化趋势的加深、信息化时代的发展、高等教育改革的深入推进，以及学生需求的多元化与个性化等形势，高校思政课教学方法的改革显得尤为紧迫。

（一）适应时代发展的需求

随着时代的发展和社会的进步，高校思政课必须不断创新教学方法以适应时代发展的要求。通过改革教学方法可以提高教学效果和学生的学习成绩；可以增强学生对中国特色社会主义的认同感和自豪感；可以培养学生的创新能力和实践能力等。

（二）提高教学质量的需要

当前，高校思政课的教学存在一些问题和不足。例如，一些教师仍然采用传统的填鸭式教学方法；一些课程内容陈旧、缺乏新意；一些教学方法较为单一、缺乏创新等。这些问题和不足严重影响了教学质量和效果的提升。因此，高校必须通过改革教学方法来提升教学质量和效果。

（三）满足学生需求的要求

当代学生对高校思政课的教学内容和教学方法有着多元化和个性化的需求。为了满足这些需求，高校必须不断创新教学方法。例如，教师可以通过引入案例教学、专题教学等方法来丰富教学内容和形式；可以通过开展实践教学、网络教学等活动来激发学生的学习主动性等。

第二节　高校思想政治理论课教学方法改革的依据

高校思政课教学方法的改革并非一蹴而就，而是建立在深厚的理论依据、明确的政策导向以及丰富的实践基础之上的。本节将从理论依据、政策导向和实践基础 3 个方面，全面而深入地探讨高校思政课教学方法改革的依据。

一、理论依据

高校思政课教学方法的改革，其根本在于教育理念的革新与升华。马克思主义教育学说和现代教育理论，为这一改革提供了坚实的理论基础和科学的指导原则。

（一）马克思主义教育学说

马克思主义教育学说是高校思政课教学方法改革的重要理论基础。马克思主义认为，教育是人类社会发展的重要组成部分，它不仅是社会进步的推动力量，也是个人全面发展的必要条件。在马克思主义教育学说的指导下，高校思政课教学方法改革应坚持以下几点：

1. 以学生为中心的教育思想

马克思主义教育学说明确指出，教育的根本目的在于促进人的全面发展，在于不断提升人的综合素质与实践能力。这一学说要求高校思政课教学方法的改革必须始终围绕学生这一中心，密切关注学生的实际需求与兴趣爱好，确保教育活动的针对性和有效性。

首先，在教学实践中，教师应确立并尊重学生的主体地位。这意味着，课堂不再是教师单向传授知识的场所，而是师生互动、共同探索知识的舞台。教师应作为学生学习过程的引导者和合作者，鼓励学生主动思考、积极发言，通过讨论、辩论等多种形式，培养学生的批判性思维和创新能力。

其次，注重培养学生的自主学习能力是落实以学生为中心教育思想的关键。高校思政课应致力于教会学生如何学习，而不仅仅是传授知识本身。这包括培养学生的信息获取能力、分析判断能力及自我反思和自我调节能力。教师可以通过设置探究性学习任务、引导学生参与课题研究等方式，激发学生的探索欲望，使他们在实践中学会学习，学会自我成长。

再次，激发学生的学习兴趣和积极性也是至关重要的。高校思政课应紧密联系社会实际，结合学生的生活实际和兴趣点，设计富有吸引力的教学内容和活动。教师可通过引入时事热点、社会现象分析、文化比较等多元视角，使高校思政课的内容更加生动、有趣，提高学生对该课程的认同感和参与度。

最后，教师还应充分关注学生的个体差异，因材施教。每个学生都是独一无二的个体，他们有着不同的学习风格、认知水平和兴趣爱好。因此，教师应根据学生的具体情况，灵活调整教学方法和策略，为每个学生提供适合其发展的教育环境和条件。通过个性化教学，教师能够帮助每个学生充分发掘自身潜能，实现个性化成长和发展。

2. 注重培养学生的批判性思维和创新精神

在高校思政课中，培养学生的批判性思维和创新精神尤为重要。这不仅有助于学生深入理解马克思主义理论，还能帮助他们形成独立思考、勇于创新的能力。因此，教师应注重引导学生对理论知识进行批判性思考，鼓励他们提出自己的见解和观点，培养他们的创新意识和实践能力。

3. 坚持理论与实践相结合的教学原则

教师应注重将理论知识与社会实践进行结合，引导学生将所学知识应用于实际生活中。通过组织社会实践活动、开展社会调查等方式，让学生亲身感受社会现实，增强对理论知识的理解和认同。同时，教师还应注重培养学生的实践能力和解决问题的能力，使他们在实践中不断成长和进步。

（二）现代教育理论

现代教育理论强调以学生为中心，注重学生的全面发展，提倡采用自主、合作、探究的学习方式。这些理念为高校思政课教学方法的改革提供了重要的理论支撑。

1. 以学生为中心的教学理念

现代教育理论强调以学生为中心，即在教学过程中应注重学生的主体地位和个体差异。在高校思政课中，教师应尊重学生的个性和需求，关注他们的学习进展和成长过程，通过采用多样化的教学方法和手段，如小组讨论、角色扮演、案例分析等，激发学生的学习兴趣和积极性，提高他们的学习效果。

2. 注重学生的全面发展

现代教育理论强调学生的全面发展，即教师不仅要关注学生的知识掌握情况，还要注重他们的能力培养，以及情感、态度和价值观的形成。在高校思政课中，教师应注重培养学生的综合素质和能力水平。教师通过组织丰富多彩的教学活动和实践项目，让学生在实践中锻炼和提高自己的能力水平；同时，还应注重培养学生的情感、态度和价值观，引导他们形成正确的世界观、人生观和价值观。

3. 提倡采用自主、合作、探究的学习方式

现代教育理论提倡采用自主、合作、探究的学习方式，即鼓励学生主动参与学习活动、与他人合作交流并共同探究问题。在高校思政课中，教师应注重培养学生的自主学习能力和合作精神，通过引导学生主动探究问题、与他人合作交流并共同解决问题，培养他们的创新意识和实践能力。同时，教师还应注重培养学生的批判性思维和解决问题的能力，使他们在学习中不断成长和进步。

二、政策导向

近年来，党和国家对高校思政课的建设和改革给予了高度重视，一系列重要的文件和会议精神为思政课教学方法的改革提供了明确的政策导向。

（一）《新时代高等学校思想政治理论课教师队伍建设规定》

2020年，教育部出台的《新时代高等学校思想政治理论课教师队伍建设规定》强调，思政课教师应“努力做到政治强、情怀深、思维新、视野广、自律严、人格正”。这一规定不仅对思政课教师队伍建设提出了明确要求，也为思政课教学方法的改革提供了有力支持。

1. 加强教师培训

高校应通过组织专题培训、教学研讨等活动，帮助教师更新教育理念和教

学方法；同时，还应鼓励教师积极参加国内外学术交流活动，拓宽视野、增长见识。

2. 提高教师素质和能力水平

提高教师素质和能力水平包括提高教师的思想政治素质、专业素质和教育教学能力等方面。提高教师的思想政治素质，可以确保教师在教学过程中始终坚持正确的政治方向和价值导向；通过提高教师的专业素质和教育教学能力，可以提高他们的教学水平和创新能力。

3. 推动教学方法的创新与改革

推动教学方法的创新与改革包括采用多样化的教学方法和手段、注重实践教学环节的设计与实施等方面的内容。采用多样化的教学方法和手段，可以激发学生的学习兴趣和积极性；注重实践教学环节的设计与实施，可以培养学生的实践能力和解决问题的能力。

（二）《高等学校思想政治理论课建设标准（2021 年本）》

《高等学校思想政治理论课建设标准（2021 年本）》明确了高校思政课的管理制度、课程设置、教材使用、课堂教学、实践教学、改革创新等方面的标准。其中，改革创新作为重点指标之一，要求高校“积极探索教学方法改革、优化教学手段，不断增强思想政治理论课的思想性、理论性和亲和力、针对性”。

1. 明确教学要求

这要求教师在教学过程中始终坚持正确的政治方向和价值导向，注重培养学生的综合素质和能力水平；同时，还应注重教学方法的创新与改革，采用多样化的教学手段和方式，提高教学效果和质量。

2. 优化课程设置

这要求高校应根据时代发展和学生需求的变化，不断调整和优化课程内容；同时，还应注重课程之间的衔接和配合，形成完整的课程体系。

3. 加强实践教学环节

这要求高校要注重培养学生的实践能力和解决问题的能力，还应注重实践教学环节的设计与实施，确保实践教学活动的有效性和针对性。加强实践教学环节的设计与实施，可以让学生在实践中锻炼和提高自己的能力，还能增强他们对理论知识的理解。

三、实践基础

高校思政课教学方法的改革不是孤立存在的，而是有着丰富的实践基础的。近年来，许多高校在思政课教学方法的改革方面进行了积极探索和实践，并取得了一系列宝贵经验。

（一）案例教学法的应用

案例教学法是一种通过具体案例来引导学生学习和理解理论知识的教学方法。在高校思政课中，案例教学法得到了广泛应用并取得了良好效果。

1. 选取具有代表性和针对性的案例

在应用案例教学法时，教师应注重选取具有代表性和针对性的案例。这些案例应能够反映社会现实和热点问题，引起学生的兴趣和关注；同时，还应与课程内容紧密相关，有助于学生对理论知识的理解和掌握。选取具有代表性和针对性的案例进行分析和讨论，可以帮助学生更好地理解理论知识并将其应用于实际生活中。

2. 引导学生进行案例分析和讨论

在应用案例教学法时，教师应注重引导学生进行案例分析和讨论。教师通过组织分组讨论、角色扮演等活动，让学生积极参与案例分析和讨论过程；同时，还应鼓励学生提出自己的见解和观点，培养他们的批判性思维和解决问题的能力。引导学生进行案例分析和讨论，可以激发学生的学习兴趣和积极性；同时，还能帮助他们深入理解理论知识并将其运用于实际生活中。

3. 注重案例教学的实效性和针对性

在应用案例教学法时，教师应注重案例教学的实效性和针对性。这要求教师在选择案例时要充分考虑学生的实际情况和需求；同时，还应根据课程内容和学生特点制订相应的教学计划和实施方案。注重案例教学的实效性和针对性，可以提高教学效果和质量；同时，还能培养学生的实践能力和解决问题的能力。

（二）情境教学法的深入探索

情境教学法，作为一种新型教学模式，其核心在于通过精心创设的特定情境，引导学生身临其境地参与和体验，从而达到深化理解、提升技能的教学目的。

1. 创设与学生生活紧密相连的情境

在情境教学法的实践过程中，教师应着重创设那些与学生日常生活息息相关的情境。这些情境不仅要能够映射出社会的现实面貌和热点话题，激发学生的好奇心和探究欲，还要与课程内容紧密衔接，成为理论知识学习的有力支撑。构建贴近学生生活的情境，不仅能够有效点燃学生的学习热情，促使他们更加主动地投入学习过程中，还能够帮助学生在实际情境中领悟理论知识的真谛，进而将其灵活运用于现实生活，实现理论与实践的有机融合。

2. 引导学生深度参与情境体验活动

情境教学法的实施，离不开学生深度参与情境体验活动这一关键环节。教师应精心设计角色扮演、模拟演练等多样化的活动形式，为学生搭建一个亲身体验社会现实和热点问题的平台。在这个过程中，学生不仅能够身临其境地感受情境体验活动中的种种挑战与机遇，还能在实践中锻炼自己的思维能力和应变能力。同时，教师应鼓励学生勇于表达自己的见解和观点，通过思辨与交流，培养他们的批判性思维和解决问题的能力。这种深度参与情境体验活动的方式，不仅能够进一步激发学生的学习主动性，还能在实践中提高他们的实践技能和问题解决能力，为未来的全面发展奠定坚实基础。

3. 强化情境教学的互动性与参与性特征

情境教学法的成功实施，还依赖其高度的互动性和参与性。在教学过程中，教师应注重与学生的密切互动和有效交流，通过适时的引导与反馈，激发学生的学习兴趣和思考热情。同时，教师应积极营造开放、包容的课堂氛围，鼓励学生积极参与课堂活动，勇于提出自己的见解和创意。这种强调互动性与参与性的情境教学方式，不仅能够进一步激发学生的学习动力和主动性，还能在合作与交流中培养他们的合作精神和团队意识，为他们的全面发展注入新的活力。

（三）网络教学平台的构建

随着信息技术的快速发展，网络教学平台在高校思政课中的应用越来越广泛。通过网络教学平台，教师可以实现远程授课、在线互动和资源共享等功能；学生可以随时随地访问学习资源并参与教学活动。

1. 实现远程授课和在线互动

通过网络教学平台，教师可以实现远程授课和在线互动。这要求教师具备一定的信息技术素养和信息能力；同时，还应注重教学资源的建设和共享。通过网络教学平台实现远程授课、在线互动和资源共享等，可以打破时间和空间的限制，让学生随时随地参与学习活动，还能提高教学效果和质量。

2. 提供丰富多样的学习资源

借助网络教学平台，教师可以提供丰富多样的学习资源供学生使用。这些学习资源应涵盖课程内容、教学课件、案例分析等多个方面。提供丰富多样的学习资源，可以满足学生的不同需求和学习兴趣，还能提高他们的学习效果。

3. 促进师生之间的交流与互动

通过网络教学平台，教师可以与学生进行实时交流和互动。这要求教师具备一定的沟通能力和技巧，还要求教师应注重学生的反馈和建议。通过促进师生之间的交流与互动，教师可以及时了解学生的学习情况，进而帮助他们解决在学习过程中遇到的问题并提高他们的学习效果和质量。

4. 提高教学的灵活性和针对性

通过对网络教学平台的应用，教师可以根据学生的学习进度和需求灵活调整和优化教学计划和实施方案。这要求教师在教学过程中注重因材施教和个性化教学；同时，还应注重对教学过程的监测和评估。提高教学的灵活性和针对性，可以满足学生的多样化需求，还能提高他们的学习效率。

综上所述，高校思政课教学方法的改革有着深厚的理论依据、明确的政策导向和丰富的实践基础。在未来的发展过程中，我们应继续坚持马克思主义教育学说和现代教育理论的指导原则，积极响应党和国家的政策号召和要求；此外，还应借鉴和吸收国内外先进的教学经验和实践成果，通过不断探索和创新教学方法和手段，提高教学效果和质量；同时，还应注重提高学生的综合素质和能力水平，为培养德智体美劳全面发展的社会主义建设者和接班人做出贡献。

第三节　高校思想政治理论课教学方法的改革路径与优化策略

高校思政课作为培养学生树立正确世界观、人生观和价值观的重要阵地，其教学方法的改革与优化显得尤为重要。面对经济全球化、信息化和社会多元化的挑战，传统的思政课教学方法已难以满足新时代学生的需求。因此，探索既符合时代要求又贴近学生实际的教学改革路径和优化策略，成为当前高校思政课建设的重要课题。本节将全面探讨高校思政课教学方法的改革路径与优化策略，以期提升高校思政课教学的针对性和实效性，并激发学生的学习兴趣和主动性，进而培养具有高尚品德、扎实学识和创新能力的新时代青年。

一、改革路径

（一）加强教师培训与能力提升

教师是教学活动的主体和关键，其政治素养、业务能力和教学水平直接影响高校思政课的教学效果。

1. 构建完善的培训体系

高校应建立多层次、多形式的培训体系，涵盖岗前培训、在职培训和专项培训等各个环节。岗前培训主要针对新入职教师，通过系统的政治理论学习和教学技能培训，帮助他们快速适应岗位要求；在职培训则侧重于更新教师的知识结构，提升教学技能和科研能力，可以通过邀请专家学者举办讲座和指导、组织教师参加国内外教学研讨会和交流活动等方式来进行；专项培训则主要针对特定领域或热点问题进行培训，如网络思政教育、实践教学等，通过专题研讨、工作坊等形式，提高教师的专业素养和教学能力。

2. 鼓励教师开展教学研究和创新实践

开展教学研究和创新实践是推动教学方法不断创新的源泉。高校应鼓励教师积极参与教学研究和创新实践活动，通过设立教学研究项目、提供研究经费和支持等措施，激发教师的创新热情和实践动力。同时，高校应建立优秀教学成果评选和表彰机制，对在教学研究和创新实践中取得显著成果的教师给予物质和精神上的奖励，以此激励更多教师投身于教学研究和创新实践。

3. 强化教师的师德师风建设

除了专业能力和教学水平，教师的师德师风也是影响高校思政课教学效果的重要因素。高校应加强对教师的师德师风教育，引导教师树立正确的教育观、人才观和质量观，增强教师的责任感和使命感。通过定期开展师德师风评议、组织师德师风主题教育活动等方式，营造健康的教育环境，为高校思政课教学的有效开展提供有力保障。

（二）推动信息技术与教育教学的深度融合

随着信息技术的飞速发展，信息技术在教育领域的应用日益广泛。推动信息技术与教育教学的深度融合，是实现高校思政课教学方法改革的重要手段。

1. 构建智慧教学云平台

智慧教学云平台是信息技术与教育教学深度融合的重要载体。高校应构建集教学资源共享、测试评估、管理服务等功能于一体的智慧教学云平台，为教师和学生提供便捷、高效的教学和学习环境。通过智慧教学云平台，教师可以实时掌握学生的学习动态和反馈情况，及时调整教学策略和方法；学生可以随时随地访问学习资源和参与教学活动，提高学习的灵活性和自主性。

2. 利用现代信息技术手段丰富教学手段和方式

现代信息技术手段，如多媒体技术、虚拟现实技术、增强现实技术等，为高校思政课教学提供了丰富的教学手段和方式。高校应鼓励教师充分利用这些技术手段，将抽象的理论知识以直观、生动的方式呈现出来，激发学生的学习兴趣和主动性。例如，教师可以通过虚拟现实技术模拟历史事件或社会场景，让学生在身临其境中感受和理解理论知识；通过多媒体手段展示图片、视频等素材，丰富教学内容和形式，提高教学效果和质量。

3. 加强网络思政教育阵地建设

微媒体的兴起为高校思政课提供了新的教学平台和渠道。高校应充分利用微媒体平台开展网络思政教育。教师可通过发布时政信息、组织在线讨论和互动活动等方式，引导学生关注社会热点问题和国家大事，培养他们的政治敏锐性和社会责任感。同时，高校应加强对网络思政教育的监管和引导，确保网络思政教育内容的正确性和导向性。

（三）构建实践教学体系

实践教学是高校思政课教学的重要环节，对于培养学生的社会实践能力和创新能力具有重要意义。高校应充分利用校内外资源来构建实践教学体系，增强学生的社会实践能力和创新能力。

1. 加强校企合作与产教融合

校企合作与产教融合是构建实践教学体系的重要途径。高校应加强与企业之间的合作与联系，共同开展实践教学活动。高校通过与企业建立合作关系、共同制订实践教学计划和方案等方式，将企业的实际需求和高校的教学资源有机结合起来，提高学生的实践能力和就业竞争力。同时，高校还可以邀请企业专家来校开展讲座并提供指导，拓宽学生的视野和知识面，增强他们的实践能力和创新意识。

2. 组织社会实践活动

社会实践活动是高校思政课实践教学的重要组成部分。高校应组织学生参加各种形式的社会实践活动，如社会调查、志愿服务、实习实训等。通过参与社会实践活动，学生可以深入了解社会现实和国情民情，增强他们的社会责任感和历史使命感。同时，社会实践活动还可以将理论知识与实践进行结合，提高学生的学习效果和综合素质。例如，教师可以组织学生到农村、社区等地进行社会调查，了解基层群众的生活状况和需求；组织学生参与志愿服务活动，培养他们的奉献精神和团队合作精神。

3. 建立实践教学基地和平台

为了保障实践教学的顺利开展，高校应建立一批实践教学基地和平台。这些基地和平台可以是校内的实验室、实训中心等，也可以是校外的企业、社区等。通过建立实践教学基地和平台，高校可以为学生提供更加丰富、多样的实践机会和资源，促进他们的全面发展。

二、优化策略

（一）坚持以学生为中心的教学理念

以学生为中心的教学理念是高校思政课教学方法改革的重要指导思想。坚持以学生为中心的教学理念意味着高校要关注学生的需求和兴趣、尊重学生的个体差异、培养学生的自主学习能力和批判性思维。

1. 关注学生的需求和兴趣

高校应结合学生的需求和兴趣来设计和调整教学内容和方法，并通过问卷调查、座谈会等方式了解学生的需求和反馈情况，及时调整教学计划和方案。同时，高校还应引入学生感兴趣的话题和案例来激发学生的学习兴趣和主动性。例如，在讲授马克思主义基本原理时，教师可以引入当前社会热点问题和青年学生关心的话题进行讨论和分析；在讲授中国近现代史纲要时，教师可以结合历史事件和人物传记来讲述历史发展的脉络和规律。

2. 尊重学生的个体差异

每个学生都是独一无二的个体，他们具有不同的学习风格和能力水平。教师应尊重学生的个体差异，结合学生的学习风格和能力水平，制订个性化的教学计划和辅导方案。例如，对于喜欢自主学习的学生，教师可以提供在线学习资源和平台；对于喜欢团队合作的学生，教师可以组织小组讨论和合作学习活动；对于学习能力较弱的学生，教师可以提供个性化的辅导和帮助。

3. 培养学生的自主学习能力和批判性思维

在以学生为中心的教学理念下，高校还应注重培养学生的自主学习能力和批判性思维，通过引导学生主动探索知识、独立思考问题、自主解决问题等方式来培养他们的自主学习能力和批判性思维。例如，在讲授思想道德修养与法律基础时，教师可以组织学生进行案例分析和辩论活动，让他们在实践中锻炼自己的思考能力和表达能力。

（二）推动教学方法的多元化与创新

教学方法的多元化与创新是推动高校思政课教学方法改革的重要手段。通过引入新的教学方法来提高教学效果和质量是当前高校思政课教学方法改革的重要任务之一。

1. 引入互动式教学法

互动式教学法是一种强调师生之间互动和交流的教学方法。教师可通过引入小组讨论、角色扮演、案例分析等互动式教学法来激发学生的学习兴趣和主动性；通过加强师生之间的沟通和交流来提高教学效果和质量。例如，在讲授马克思主义基本原理概论时，教师可以组织学生进行小组讨论活动，让他们就某个问题进行深入探讨和交流；在讲授思想道德修养与法律基础时，教师可以组织学生进行角色扮演活动，让他们在实践中体验道德规范和法律制度的重要性。

2. 探索混合式教学法

混合式教学法是一种将线上学习与线下学习结合起来的教学方法。教师可以通过构建线上学习平台和资源库来提供丰富的学习资源和便捷的学习方式；通过组织线下课堂活动和讨论来加强师生之间的互动和交流；通过线上线下相结合的方式来提高教学效果和质量。例如，在讲授中国近现代史纲要时，教师可以构建线上学习平台，提供历史资料和视频素材供学生自主学习；在线下课堂中则组织学生进行小组讨论和汇报活动，分享自己的学习成果和体会；通过线上线下相结合的方式，让学生更加深入地了解历史发展的脉络和规律。

3. 运用情境教学法

情境教学法是一种通过模拟真实情境来引导学生参与教学活动的方法。教师可以通过创设与教学内容相关的情境来激发学生的学习兴趣和主动性；通过让学生在情境中体验和实践来提高他们的学习效果。例如，在讲授思想道德修养与法律基础时，教师可以创设一个模拟法庭的情境，让学生扮演法官、律师等角色开展法律实践活动；在讲授马克思主义基本原理概论时，教师可以创设一个模拟经济社会的情境，让学生扮演生产者、消费者等角色体验经济实践活动。情境教学法可以让学生更加直观地了解理论知识在实际生活中的应用和价值。

（三）完善教学评价体系与激励机制

完善的教学评价体系与激励机制是推动高校思政课教学方法改革的重要保障。通过建立科学合理的评价体系和激励机制来激发教师的教学热情和创新动力，是当前高校思政课教学方法改革的重要任务之一。

1. 建立科学合理的评价体系

高校应建立科学合理的评价体系来全面评估教学质量和效果。高校可通过制定评价标准和方法来明确评价内容和要求；通过组织专家评审和学生评价等方式来收集反馈意见和建议；通过运用评价结果来改进教学方法和手段，提高教学质量和效果。例如，在评价思政课教学质量时，高校可以从教学内容、教学方法、教学效果等方面制定具体的评价标准和方法；通过组织专家进行课堂观摩和评审来收集反馈意见和建议，并根据评价结果及时调整教学计划和方案，以提高教学质量和效果。

2. 完善激励机制

高校应完善激励机制来激发教师的教学热情和创新动力。高校可通过设立教学奖项和荣誉称号来表彰优秀教师和教学成果；通过提供经费支持和资源保障来鼓励教师开展教学研究和创新实践活动；通过营造良好的教学氛围和文化环境来激发教师的教学热情和创造力。例如，高校可以设立优秀教师奖、优秀教学成果奖等奖项来表彰在教学工作中表现突出的教师；可以为开展教学研究和创新实践活动的教师提供经费支持和资源保障；可以通过举办教学研讨会、教学技能大赛等活动来营造良好的教学氛围和文化环境。

3. 建立学生评价体系

除了教师评价，学生评价也是教学评价体系的重要组成部分。高校应建立学生评价体系来收集学生对教学的意见和建议。高校可通过问卷调查、座谈会等方式了解学生对教学内容、教学方法等方面的评价情况；根据学生反馈及时调整教学计划和教学方案，以提高教学效果和质量。例如，在一门思政课结束后，高校可以通过问卷调查的方式收集学生对教学内容、教学方法等方面的评价情况，并根据评价结果及时调整下一轮的教学计划和教学方案。

（四）加强课程思政与思政课程的有机融合

加强课程思政与思政课程的有机融合是推动高校思政课教学方法改革的重要途径。将思政教育融入专业课程教学来实现知识传授与价值引领的有机结合，是当前高校思政课教学方法改革的重要方向。

1. 挖掘专业课程中的思政元素

高校应深入挖掘专业课程中的思政元素并将其融入教学过程中。例如，教师可通过结合专业课程特点和教学内容来设计和调整思政元素的融入形式；通过引导学生在学习专业知识的过程中树立正确世界观、人生观和价值观来提高思政教育的针对性和实效性。例如，在讲授经济学的相关内容时，教师可以将社会主义核心价值观融入其中，引导学生树立正确的经济观念和价值取向；在讲授文学课程时，教师可以将中华优秀传统文化融入其中，引导学生传承和弘扬中华优秀传统文化。

2. 实现课程思政与思政课程的协同育人

高校应实现课程思政与思政课程的协同育人。高校可通过加强不同课程之间的联系和协作来形成协同育人合力；通过构建全员、全过程、全方位的育人体系，推动高校思政教育工作的深入开展；通过加强思政教育与其他教育环节的衔接和配合，提高思政教育的整体效果和质量。例如，在制订人才培养方案时，高校可以将思政教育贯穿其中，形成全员、全程、全方位的育人体系；在组织实践教学活动时，高校可以将思政教育融入其中，实现理论与实践的有机结合；在开展校园文化建设时，高校可以将思政教育融入其中，形成良好的校园氛围和文化环境。

3. 加强课程思政师资队伍建设

课程思政的顺利实施离不开一支高素质、专业化的师资队伍。高校应加强课程思政师资队伍建设，提高教师的思想政治素质和教学能力。高校可通过组织教师参加课程思政培训和学习活动来提高他们的课程思政意识和能力；通过鼓励教师开展课程思政研究和创新实践活动来推动课程思政建设的不断完善。例如，高校可以邀请专家学者进行课程思政讲座和指导活动，提高教师的课程思政意识和能力；可以设立课程思政研究项目并提供经费支持和资源保障，鼓励教师开展课程思政研究和创新实践活动。

（五）建立实施保障机制与效果评估机制

为了确保高校思政课教学方法改革的顺利进行并取得实效，高校需要建立相应的实施保障机制和效果评估机制。

1. 建立实施保障机制

（1）政策支持与制度保障

政府和教育部门应出台相关政策支持高校思政课教学方法改革，为其提供制度保障。例如，政府和教育部门可以出台相关文件，明确高校思政课教学方法改革的目标、任务和措施；可以设立专项经费，支持高校开展思政课教学方法改革研究和实践活动；可以加强对高校思政课教学方法改革的监督和评估工作，确保高校思政课教学方法改革取得实效。

（2）资源投入与支持

高校应加大对高校思政课教学方法改革的资源投入和支持力度，通过增加教学经费、改善教学设施、优化教学资源配置等方式为高校思政课教学方法改革提供有力保障。例如，高校可以投入资金建设智慧教学云平台、实践教学基地和平台等；可以购买优质的教学资源和软件工具，为教师提供优越的教学条件和环境；可以加强对教师的培训和支持力度，提高他们的专业素养和教学能力。

（3）组织保障与协调

高校应建立健全的组织机构和协调机制来保障高校思政课教学方法改革的顺利进行。高校可通过成立高校思政课教学方法改革领导小组、设立专项工作组等方式来加强组织领导和协调工作；通过加强与相关部门和单位的沟通协调来形成工作合力，推动高校思政课教学方法改革的深入开展。例如，高校可以成立由校领导、教务处、马克思主义学院等组成的高校思政课教学方法改革领导小组，由其负责统筹规划和组织实施高校思政课教学方法改革工作；可以设立专项工作组，由其负责具体执行和协调高校思政课教学方法改革任务，确保高校思政课教学方法改革取得实效。

2. 建立效果评估机制

（1）建立评估指标体系

为了客观、全面地评估高校思政课教学方法改革的效果，高校需要建立一套科学合理的评估指标体系。评估指标体系应包括教学内容、教学方法、教学效果等方面的具体指标和权重系数。例如，在评估教学内容时，高校可以从理论性、时代性、针对性等方面制订具体指标和权重系数；在评估教学方法时，高校可以从互动性、创新性、实效性等方面制订具体指标和权重系数；在评估教学效果时，高校可以从学生满意度、学习成绩提高情况等方面制订具体指标和权重系数。

（2）开展定期评估与反馈

高校应定期开展高校思政课教学方法改革的评估工作并及时反馈评估结果。高校可通过问卷调查、座谈会等方式，收集学生和教师对高校思政课教学方法改革效果的反馈意见和建议；根据评估结果及时调整教学计划和教学方案，以提高教学效果和质量。例如，高校可以每学期或每学年开展一次高校思政课教学方法改革的评估工作，并根据评估结果及时调整教学计划和教学方案。

（3）总结推广经验成果

高校应及时总结推广高校思政课教学方法改革的经验成果，为其他高校提供借鉴和参考。高校可通过召开经验交流会、研讨会等方式分享高校思政课教学方法改革经验和成果；通过撰写论文、出版著作等方式将高校思政课教学方法改革成果进行理论化、系统化总结和推广。例如，高校可以定期召开高校思政课教学方法改革经验交流会，邀请相关专家和学者进行交流和研讨；可以鼓励教师撰写论文和出版著作，将高校思政课教学方法改革成果进行理论化、系统化总结和推广；可以通过网络平台和媒体渠道将高校思政课教学方法改革成果进行广泛传播和宣传。

随着信息技术的不断发展和教育理念的持续更新，高校思政课教学方法的改革与优化将面临更多机遇和挑战。一方面，信息技术的发展将为高校思政课教学方法改革提供更多可能，如人工智能、大数据等技术的应用将为高校思政课个性化教学、精准教学等提供有力支持；另一方面，教育理念的持续更新也将对高校思政课教学方法改革提出更高的要求，如强调学生的主体性、注重实践教学、加强课程思政与思政课程的有机融合等，将成为未来高校思政课教学方法改革的重要方向。

因此，高校应密切关注时代发展和教育变革的趋势和要求，不断探索和创新高校思政课教学方法和模式，为培养德智体美劳全面发展的社会主义建设者和接班人提供有力保障。同时，政府和教育部门也应加强对高校思政课教学方法改革的支持和引导力度，为高校思政课教学方法改革的顺利进行提供有力保障和支持。

第五章　高校思想政治理论课教学模式的改革与优化

高校思政课教学模式的改革与优化对于提升教学质量、激发学生学习兴趣、培养新时代青年具有重要意义。本章将首先详细介绍高校思政课教学的基本教学模式；其次，回顾高校思政课教学模式的改革历程，分析不同历史阶段高校思政课教学模式的特点；最后，提出具体的高校思政课教学模式的改革路径与优化策略，旨在提高高校思政课的针对性和实效性，为培养具有高尚品德、扎实学识和创新能力的新时代青年贡献力量。

第一节　高校思想政治理论课教学的基本模式

高校思政课的教学模式多种多样，每种教学模式都有其独特的优势和适用范围。这些教学模式不仅反映了教育教学理念的发展变化，还体现了对学生主体地位的日益重视。本节将详细介绍几种基本的高校思政课教学模式，并分析其特点、适用范围及其优缺点。

一、讲授式教学模式

讲授式教学模式是传统的高校思政课教学模式之一，也是最为基础的教学模式。讲授式教学模式在长期的教学实践中积累了丰富的经验，形成了较为完善的教学体系。

（一）讲授式教学模式的特点

1. 系统性强

讲授式教学模式能够系统地传授知识，确保教学内容的完整性和准确性。教师通过精心准备的教学内容和逻辑清晰的教学结构，将马克思主义基本原理和党的路线方针政策等内容系统地传授给学生，帮助学生建立完整的知识体系。

2. 可控性强

在讲授式教学模式中，教师作为知识的传授者，对教学过程有较强的控制力。教师可以根据教学进度和学生的反馈及时调整教学内容和教学方法，确保取得更好的教学效果。

3. 效率高

讲授式教学模式能够让教师在较短的时间内传授大量知识，提高教学效率。教师通过课堂讲解的方式，将复杂的知识点以简洁明了的方式呈现给学生，帮助学生快速掌握核心内容。

（二）讲授式教学模式的适用范围

讲授式教学模式适用于理论性较强、内容较为抽象的教学内容。例如，在教师讲授马克思主义基本原理、中国特色社会主义理论体系等理论性较强的内容时，讲授式教学模式能够帮助学生系统地理解和掌握这些理论知识。

（三）讲授式教学模式的优缺点分析

1. 优点

第一，系统传授知识。该教学模式能够保证教学内容的完整性和准确性。

第二，可控性强。在该教学模式下，教师能够根据教学进度和学生的反馈及时调整教学内容和教学方法。

第三，效率高。在该教学模式下，教师能够在较短的时间内传授大量知识。

2. 缺点

第一，学生的参与度低，容易陷入被动接受的状态，难以产生学习兴趣和主动性。

第二，该教学模式缺乏互动性和实践性，难以培养学生的实践能力和创新精神。

第三，该教学模式缺乏个性化和差异化，难以满足不同学生的学习需求。

二、讨论式教学模式

讨论式教学模式是一种以学生为中心的教学模式，通过组织学生进行课堂讨论和交流互动，激发学生的学习兴趣和主动性。该模式强调学生的主体地位和主动参与，旨在培养学生的批判性思维和创新能力。

（一）讨论式教学模式的特点

1. 以学生为中心

讨论式教学模式以学生为中心，注重学生的主体地位和主动参与。教师作为引导者和组织者，鼓励学生积极参与课堂讨论和交流互动，以激发学生的学习兴趣和主动性。

2. 互动性强

讨论式教学模式强调师生之间的互动和交流。通过课堂讨论、小组讨论等形式，学生可以自由表达自己的观点和想法，可以与教师和其他同学进行深入的交流和互动。

3. 注重培养批判性思维

讨论式教学模式能够培养学生的批判性思维。在讨论过程中，学生需要综合分析、评价不同的观点和想法，形成自己的独立见解和判断。

（二）讨论式教学模式的适用范围

讨论式教学模式适用于讲授具有争议性、探讨性的内容。例如，在教师讲授社会热点问题、道德伦理问题等具有辩论性的内容时，讨论式教学模式能够引导学生深入思考和分析问题，进而培养学生的批判性思维和创新能力。

（三）讨论式教学模式的优缺点分析

1. 优点

第一，该教学模式以学生为中心，注重学生的主体地位和主动参与。

第二，该教学模式的互动性强，能够激发学生的学习兴趣和主动性。

第三，该教学模式有利于培养学生的批判性思维和创新能力，提高学生的综合素质。

2. 缺点

第一，该教学模式需要教师具备较强的组织能力和引导能力，否则容易导致讨论偏离主题或无法深入进行。

第二，该教学模式对学生的素质要求较高，需要学生具备一定的知识储备和表达能力。

第三，该教学模式下的教学进度可能较慢，难以在有限的时间内完成大量的教学任务。

三、案例教学模式

案例教学模式是一种以具体案例为载体的教学模式，通过引导学生对具体案例进行分析和讨论，帮助他们理解和掌握教学内容。

（一）案例教学模式的特点

1. 理论与实践相结合

案例教学模式将抽象的理论知识与具体的实践案例结合起来，通过案例分析帮助学生理解和掌握理论知识。这种教学模式能够使学生更加深入地理解理论知识的内涵和应用价值。

2. 学生的课堂参与度高

案例教学模式强调学生的主动参与和积极思考。教师通过引导学生对案例进行分析和讨论，激发学生的学习兴趣和主动性，提高学生的课堂参与度。

3. 注重培养学生解决问题的能力

案例教学模式注重培养学生解决问题的能力。通过案例分析，学生可以学会如何运用理论知识解决实际问题，提高自己的综合素质和能力水平。

（二）案例教学模式的适用范围

案例教学模式适用于讲授具有实践性和应用性的教学内容。例如，在讲授法律基础、马克思主义政治经济学等实践性和应用性较强的内容时，教师采用案例教学模式能够帮助学生更好地理解和掌握这些理论知识，并提高他们的实践能力和解决问题的能力。

（三）案例教学模式的优缺点分析

1. 优点

第一，该教学模式强调理论与实践相结合，提高了学生的学习兴趣和参与度。

第二，该教学模式下学生的课堂参与度高，能够激发学生的学习兴趣和主动性。

第三，该教学模式注重培养学生解决问题的能力和实践能力，能够提高学生的综合素质和能力水平。

2. 缺点

第一，该教学模式需要教师具备较强的分析能力，并掌握丰富的案例资源，否则容易导致案例分析不够深入或无法达到预期效果。

第二，该教学模式对学生的素质要求较高，需要学生具备一定的知识储备和分析能力。

第三，该教学模式下的教学进度可能较慢，难以在有限的时间内完成大量的教学任务。

四、情境教学模式

情境教学模式是一种以模拟真实情境为手段的教学模式，通过创设与教学内容相关的情境，让学生在情境中体验和学习。该模式强调对学生的实践能力和创新精神的培养，通过模拟真实情境的方式提高学生的参与度、提升学习效果。

（一）情境教学模式的特点

1. 实践性强

情境教学模式注重对学生的实践能力和创新精神的培养，通过模拟真实情境的方式，让学生在情境中学习，进而培养他们的实践能力和创新精神。

2. 学生的课堂参与度高

情境教学模式能够提高学生的课堂参与度，提高学生的学习效果。在情境教学模式中，学生需要积极参与角色扮演、互动交流等活动，从而加深对知识的理解和掌握。

3. 情境真实

情境教学模式通过创设与教学内容相关的情境，让学生在真实的情境中体验和学习。这种教学模式能够使学生更加深入地理解知识的内涵和应用价值。

（二）情境教学模式的适用范围

情境教学模式适用于讲授具有实践性和操作性的教学内容。例如，在教师讲授职业道德、社交礼仪等具有实践性和操作性的内容时，情境教学模式能够帮助学生更好地理解和掌握这些知识，并提高他们的道德素养和社交能力。

（三）情境教学模式的优缺点分析

1. 优点

第一，该教学模式的实践性强，能够提高学生的实践能力和创新精神。

第二，该教学模式的学生课堂参与度高，能够激发学生的学习兴趣和主动性。

第三，该教学模式的情境真实，能够使学生更加深入地理解知识的内涵和应用价值。

2. 缺点

第一，该教学模式需要教师具备较强的情境创设能力和引导能力，否则容易导致情境不够真实或无法达到预期效果。

第二，该教学模式对学生的素质要求较高，需要学生具备一定的知识储备和表达能力。

第三，该教学模式对教学资源和条件要求较高，需要教师投入较多的时间和精力进行情境创设和情境开展准备工作。

五、网络教学模式

网络教学模式是一种以网络为教学支撑环境的教学模式，通过网络平台提供丰富的学习资源和互动工具，让学生随时随地进行自主学习和交流互动。该模式打破了时间和空间的限制，为广大学生提供了更加便捷、高效的学习渠道和丰富的资源。

（一）网络教学模式的特点

1. 便捷性高

网络教学模式具有便捷性高的特点。学生可以通过网络平台随时随地访问学习资源和互动工具，进行自主学习和交流互动。这种教学模式打破了传统教学模式的时间和空间限制，提高了学习的灵活性和自主性。

2. 资源丰富

网络教学模式提供了丰富的学习资源和互动工具。学生可以通过网络平台获取大量的课程视频、课件、习题等学习资源，同时还可以参与在线讨论、互动问答等活动，提高学习效果。

3. 个性化学习

网络教学模式能够支持个性化学习。学生可以根据自己的学习进度和需求选择适合自己的学习资源和互动工具，进行个性化的学习和提高。这种教学模式能够满足不同学生的学习需求，进而提高他们的学习成绩。

（二）网络教学模式的适用范围

网络教学模式适用于具有一定自主学习能力和自我管理能力的学生。例如，在教师讲授较为简单或基础性的内容时，网络教学模式可以为学生提供更加便捷、高效的学习渠道和丰富的资源；同时，对于具有一定自主学习能力和自我管理能力的学生来说，网络教学模式也能够满足他们的学习需求并提高他们的学习效果。

（三）网络教学模式的优缺点分析

1. 优点

网络教学模式的便捷性高，打破了时间和空间的限制，提高了学习的灵活性和自主性。丰富的网络教学资源为学生提供了大量的学习资源和互动工具，能够满足学生多样化的学习需求。该教学模式支持个性化学习，支持学生根据自己的学习进度和需求进行个性化的学习和提高。

2. 缺点

网络教学模式需要教师具备较强的信息技术素养和网络教学能力，否则容易导致网络教学效果不佳或无法达到预期效果。网络教学模式对学生的自主学习能力和自我管理能力要求较高，需要学生具备一定的自我约束力和学习动力。网络环境复杂多变，学生容易受到网络干扰和不良信息的影响，相关人员需要加强网络监管和引导。

综上所述，教师应根据教学内容和目标、学生的特点和需求以及教学资源和条件等因素选择合适的教学模式，并不断优化和改进教学方法和手段，以提高教学效果和学生的学习效果。同时，随着信息技术的不断发展及教育教学理念的更新和变革，高校思政课的教学模式也将不断创新和发展，以适应新时代高等教育事业发展的需要和要求，培养具有高尚品德、扎实学识和创新能力的新时代青年。

第二节　高校思想政治理论课教学模式的改革历程

高校思政课教学模式的改革与优化是一个持续发展的过程，伴随着我国高等教育事业的发展而不断深化。本节将详细回顾高校思政课教学模式的改革历程，分析不同历史阶段的教学模式特点，为后续的高校思政课教学模式改革路径与优化策略提供历史借鉴和理论基础。

一、改革开放初期的探索与尝试

改革开放初期，我国高等教育事业迎来了新的发展机遇。随着党和国家的工作重心从阶级斗争转移到经济建设上来，我国高等教育事业也以经济建设为中心，致力于培养具有专业知识和技能的社会主义建设者和接班人。在这一背景下，高校对思政课教学模式也开始了逐步探索与尝试。

这一时期，高校思政课的教学模式主要以传统的讲授式教学模式为主。教师作为知识的传授者，通过课堂讲解的方式向学生传授马克思主义基本原理和党的路线方针政策等内容。这种教学模式在当时的历史条件下具有一定的合理性和必要性，它能够在较短的时间内系统地传授大量知识，帮助学生建立对马克思主义基本原理和社会主义制度的初步认识。

然而，随着时代的发展和学生需求的变化，这种传统教学模式的局限性逐渐显现。首先，学生的课堂参与度低，缺乏主动性和积极性。传统的讲授式教学模式往往以教师为中心，使学生被动接受知识且缺乏思考和讨论的机会，导致学习效果不佳。其次，教学内容相对单一，缺乏与现实生活的紧密联系。当时的高校思政课教学内容主要集中在马克思主义基本原理和党的路线方针政策上，缺乏对现实问题的深入分析和讨论，难以激发学生的学习兴趣和热情。

为了改变这一现状，一些高校开始尝试引入讨论式、启发式等新的教学方法。这些新的教学方法注重学生的主体地位，鼓励学生积极参与课堂讨论和思考，进而提高学生的学习兴趣和主动性。例如，一些教师开始采用提问式教学方法，通过提出问题引导学生思考和讨论，激发他们的求知欲和探索精神。同时，一些高校还开始尝试开设专题讲座和研讨会，邀请专家学者就社会热点问题进行深入分析和讲解，以拓宽学生的视野和知识面。

然而，由于当时缺乏系统的理论指导和实践经验，这些新的教学方法并未得到广泛推广和应用。此外，由于当时的教学资源和条件有限，这些新的教学方法也难以得到有效实施。因此，这一时期的高校思政课教学模式改革虽然取得了一定成效，但整体上仍然处于初步探索阶段。

二、21世纪以来的深化与拓展

随着我国高等教育事业的快速发展和教育教学改革的深入推进，高校思政课教学模式的改革也进入了深化与拓展的新阶段。这一时期，高校思政课教学模式的改革主要体现在教学内容、教学方法和教学手段3个方面。

（一）教学内容的创新与拓展

随着时代的发展和社会的进步，高校思政课的教学内容也在不断创新与拓展。除了传统的马克思主义基本原理和党的路线方针政策等内容，高校思政课还增加了许多与现实生活紧密相关的内容，如社会热点问题、国际形势分析等。这些新内容的引入，不仅丰富了高校思政课的教学内容，也提高了学生的学习兴趣和参与度。

一方面，高校开始注重将马克思主义基本原理与现实问题进行结合，通过深入分析社会热点问题，引导学生运用马克思主义的基本立场、观点、方法分析问题和解决问题。例如，在讲授马克思主义基本原理时，教师可以结合当前国内外经济形势、社会热点问题等进行分析和讲解，帮助学生更好地理解和掌握马克思主义基本原理。

另一方面，高校还开始注重将思政课与其他学科进行结合，促进知识的互补和共享。例如，在讲授中国近现代史纲要时，教师可以结合历史学、政治学、哲学等多学科的知识进行分析和讲解，帮助学生更全面地了解中国近现代史的发展历程和内在逻辑。

此外，高校还开始注重将思政课与现实生活进行结合，通过组织学生开展社会调查、志愿服务等实践活动，让学生将所学知识应用于实际生活。例如，在讲授毛泽东思想和中国特色社会主义理论体系概论时，教师可以组织学生参观革命纪念馆或进行社会调查等，帮助学生更好地理解和掌握这些理论的核心内容和精神实质。

（二）教学方法的多样化与个性化

21 世纪以来，高校思政课的教学方法也更加多样化与个性化。除了传统的讲授式教学法，高校思政课还引入了案例教学法、情境教学法、实践教学法等多种教学方法。这些新的教学方法不仅提高了学生的参与度和学习效果，还促进了师生之间的互动与交流。

1. 案例教学法

案例教学法具有直观性、生动性和启发性等特点，能够激发学生的学习兴趣和主动性。例如，在讲授马克思主义政治经济学时，教师可以通过分析国内外经济案例，引导学生深入理解马克思主义政治经济学的理论观点。

2. 情境教学法

情境教学法通过模拟真实的情境，让学生在情境体验中学习。情境教学法能够提高学生的实践能力和创新精神，促进知识与技能的有机结合。例如，在讲授思想道德修养与法律基础时，教师可以通过模拟法庭、模拟辩论等情境教学活动，让学生在实践中学习和掌握道德规范和法律知识。

3. 实践教学法

实践教学法是一种以实践活动为主要形式的教学方法，能够提高学生的实践能力和社会责任感。例如，在讲授中国近现代史纲要时，教师可以组织学生开展实地调查和参观等活动，让学生在实践中了解和掌握中国近现代史的相关内容。

针对不同学生的特点和需求，教师还可以采用个性化的教学方法。例如，对于理论基础扎实、学习兴趣浓厚的学生，教师可以采用启发式教学法，引导他们深入思考和探究问题；对于理论基础薄弱、学习兴趣不高的学生，教师可以采用直观式教学法，通过生动的案例和讲解帮助他们理解和掌握知识点。

（三）教学手段的现代化与信息化

随着信息技术的快速发展，高校思政课的教学手段也实现了现代化与信息化。通过运用多媒体、网络等现代信息技术手段，教师可以更加生动、直观地展示教学内容，提高学生的学习兴趣和参与度。同时，学生也可以通过网络平台进行自主学习和交流互动，实现师生之间的实时互动与反馈。

1. 多媒体教学手段

多媒体教学手段是一种以计算机、电视、录像等为核心的集文字、声音、图像、动画等多种媒体于一体的教学手段。通过运用多媒体教学手段，教师可以更加生动、直观地展示教学内容，提高学生的学习兴趣和参与度。例如，在讲授马克思主义基本原理的相关内容时，教师可以利用多媒体课件展示相关图片、视频资料等，帮助学生更好地理解和掌握知识点。

2. 网络教学平台

从狭义上来说，网络教学平台是一种以互联网为基础的教学平台，它能够为学生提供便捷、高效的学习渠道和资源。通过网络教学平台，学生可以随时随地进行自主学习和交流互动，实现师生之间的实时互动与反馈。例如，有些高校建立了高校思政课网络教学平台，提供了丰富的学习资源和互动工具，如在线课程、在线测试、在线讨论等，方便学生进行自主学习和交流互动。

3. 移动学习工具

随着智能手机的普及和移动互联网的发展，移动学习工具逐渐成为高校思政课教学的重要工具之一。通过移动学习工具，学生可以随时随地进行自主学习和交流互动，提高学习效果和参与度。例如，有些高校开发了高校思政课移动学习应用程序或微信小程序，提供了丰富的学习资源和互动功能，如在线课程、在线测试、在线讨论等，方便学生进行自主学习和交流互动。

三、新时代的创新与发展

中国特色社会主义进入新时代以来，我国高等教育事业面临着新的发展机遇和挑战。在这一背景下，高校思政课教学模式的改革也进入了创新与发展的新阶段。这一时期，高校思政课教学模式的改革主要体现在教学模式的整合与优化、实践教学的强化与拓展以及网络思政课的兴起与发展3个方面。

（一）教学模式的整合与优化

新时代，高校思政课开始注重教学模式的整合与优化，通过将不同的教学方法和教学手段有机结合起来，形成了一种综合性的教学模式。这种综合性的教学模式不仅提高了教学效果，还促进了师生之间的深度互动与交流。

1. 混合式教学模式

混合式教学模式是一种线上教学与线下教学相结合的教学模式。线上教学与线下教学的有机结合，可以充分发挥两者的优势，提高教学效果。在高校思政课教学中，教师可以先通过线上教学平台提供预习材料和在线测试等学习资源，帮助学生提前了解课程内容和教学重难点，然后在课堂上通过讲授、讨论、案例分析等多种教学方法进行深入讲解和互动交流，最后再通过线上教学平台进行课后复习和拓展学习。

2. 项目式教学模式

项目式教学模式是一种以项目为核心的教学模式，通过组织学生参与项目研究和实践活动，培养他们的实践能力和创新精神。在高校思政课教学中，教师可以结合社会热点问题和实际案例等设计项目任务，引导学生通过小组合作、调查研究等方式完成项目任务。项目式教学模式的实施，不仅可以培养学生的实践能力和创新精神，还可以促进师生之间的深度互动与交流。

3. 翻转课堂模式

翻转课堂模式是一种传统课堂教学与在线学习相结合的教学模式。通过翻转课堂教学模式的实施，可以打破传统课堂教学的时空限制，提高教学效果和学生的学习效果。例如，在高校思政课教学中，教师可以先通过线上教学平台提供预习材料和在线测试等学习资源，让学生在课前进行自主学习和思考；然后在课堂上通过讨论、案例分析等多种教学方法进行深入讲解和互动交流；最后再通过线上教学平台进行课后复习和拓展学习。

（二）实践教学的强化与拓展

实践教学是高校思政课的重要组成部分，也是培养学生实践能力和创新精神的重要途径。新时代，高校开始注重实践教学的强化与拓展。通过组织学生开展实践活动，让学生将所学知识应用于生活实际，提高他们的实践能力和社会责任感。

1. 社会调查活动

社会调查活动是一种组织学生深入社会进行实地调查和研究的活动。社会调查活动的实施，可以帮助学生了解社会现实和国情民情，提高他们的社会责任感和使命感。例如，在讲授毛泽东思想和中国特色社会主义理论体系概论时，教师可以组织学生到农村、企业、社区等地进行实地调查和研究活动，了解中国特色社会主义事业的发展和成就，以及存在的问题和挑战等。

2. 志愿服务活动

志愿服务活动是一种组织学生参与社会公益事业的活动。志愿服务活动的实施，可以培养学生的社会责任感、奉献精神以及团队合作精神和实践能力。例如，在讲授思想道德修养与法律基础时，教师可以组织学生参与社区服务、支教助学等志愿服务活动，让他们在实践中学习和掌握道德规范和法律知识，提高学生的团队合作能力和实践能力等。

3. 创新创业实践活动

创新创业实践活动是一种组织学生参与创新创业项目的活动。创新创业实践活动的实施，可以培养学生的创新意识和创业能力。例如，在讲授形势与政策课时，教师可以组织学生参与创新创业项目的研究和开发活动，并组织创新创业大赛等活动来培养和提高学生的创新意识和创业能力。

（三）网络思政课的兴起与发展

随着互联网技术的快速发展和普及，网络思政课逐渐兴起并成为一种有影响力的教学模式。

1. 网络思政课的优势

网络思政课具有便捷性、高效性、互动性等特点和优势。通过网络平台，学生可以随时随地进行自主学习和交流互动；同时，教师也可以通过网络平台进行远程授课和辅导来提高教学效果，促进师生之间的深度互动与交流。此外，网络思政课还可以打破时间和空间的限制，扩大教学覆盖面，提高教学质量。

2. 网络思政课的发展趋势

在高校思政课教学改革不断深入推进和发展、学生需求日益多元化和个性化，以及国家政策支持和资金投入力度不断加大等因素的影响和推动下，网络思政课将呈现以下发展趋势：一是教学内容将更加丰富多样、贴近实际并不断满足学生的多样化需求；二是教学方法将更加灵活多样；三是教学手段将更加现代化和信息化；四是教学评价体系将更加完善和科学。

综上所述，高校思政课教学模式的改革是一个持续推进的过程。从改革开放初期的探索与尝试到 21 世纪以来的深化与拓展，再到新时代的创新与发展，高校思政课教学模式不断适应时代发展和学生需求的变化而进行改革与创新，并取得了一系列显著成效。然而，随着时代的不断发展及学生需求的多元化和个性化，高校思政课教学模式仍然需要继续进行改革与创新，以适应新时代高等教育事业发展的需要，推动培养具有高尚品德、扎实学识和创新能力的新时代青年目标的实现。

第三节　高校思想政治理论课教学模式的改革路径与优化策略

在深入分析高校思政课教学基本模式和改革历程的基础上，本节将深入探讨具体的高校思政课教学模式的改革路径与优化策略，旨在通过系统规划、全面布局和精准施策，推动高校思政课教学模式的创新与发展，为新时代高等教育事业的发展贡献力量。

一、改革路径

（一）加强教师队伍建设

教师是教学活动的主体和关键，其素质和能力直接影响到高校思政课的教学效果。因此，加强教师队伍建设是推动高校思政课教学模式改革的重要途径。

1. 提高教师的政治素质和理论素养

高校应高度重视思政课教师的政治素质和理论素养的提升。政治素质是教师从事高校思政课教学工作的基本前提，它要求教师具备坚定的政治立场和正确的政治方向，能够深刻理解和把握马克思主义基本原理和党的路线方针政策等内容。理论素养则是教师从事高校思政课教学工作的基础，它要求教师具备扎实的思政理论功底和广博的知识储备，能够深入浅出地讲解思政内容，引导学生深入理解思政内容的精髓和要义。

为了提高教师的政治素质和理论素养，高校可以采取以下措施：一是组织教师参加政治学习和理论研讨活动，帮助他们深入理解马克思主义基本原理和党的路线方针政策，坚定他们的理想信念和政治立场；二是鼓励教师参加学术交流和研讨活动，拓宽他们的学术视野和知识面，提高他们的理论素养和学术水平；三是加强对教师的考核和评价，将政治素质和理论素养作为重要评价指标，激励教师不断提高自身的政治素质和理论素养。

2. 提升教师的教学能力和创新意识

教学能力是教师从事高校思政课教学工作的核心要素，它要求教师具备高超的教学技巧和丰富的教学经验，能够根据学生的特点和需求，灵活运用多种教学方法和教学手段，提高教学效果。创新意识则是教师从事高校思政课教学工作的动力源泉，它要求教师具备敏锐的创新意识和探索精神，能够不断探索新的教学模式和教学方法。

为了提升教师的教学能力和创新意识，高校可以采取以下措施：一是组织教师参加教学培训和研讨活动，帮助他们掌握先进的教学方法和教学手段，提高他们的教学水平；二是鼓励教师开展教学研究和创新实践，探索新的教学模式和教学方法，为高校思政课教学模式改革提供有力支持；三是加强对教师的教学评价和反馈，及时发现和解决教师在教学中存在的问题和不足，促进教师不断提高教学能力。

3. 完善教师的评价和激励机制

科学合理的评价和激励机制是加强教师队伍建设的重要保障。完善评价和激励机制，可以激发教师的工作热情和创造力，提高他们的工作积极性和责任心。

为了完善教师的评价和激励机制，高校可以采取以下措施：一是建立科学合理的评价体系，将教师的教学成果、科研成果、社会服务等方面纳入评价体系，全面客观地评价教师的工作表现；二是设立教学奖项和荣誉称号，对在教学工作中表现突出的教师进行表彰和奖励，激励他们更加积极地投入教学工作中；三是加强对教师的职业发展规划和支持，为教师提供广阔的发展空间和充足的晋升机会，促进他们的职业成长和发展。

（二）优化教学内容和方法

优化教学内容和方法是提高高校思政课教学模式改革针对性和实效性的关键。更新教学内容、创新教学方法并注重实践教学，可以激发学生的学习兴趣和主动性。

1. 更新教学内容

随着时代的发展和社会的进步，高校思政课的教学内容也需要不断更新和完善。高校应根据时代发展和社会进步的要求，及时更新高校思政课的教学内容，增加新的理论成果和实践经验，丰富和完善教学内容体系。

为了更新教学内容，高校可以采取以下措施：一是加强对马克思主义理论的研究和阐释，及时将马克思主义中国化时代化的最新理论成果融入教学内容中；二是关注社会热点问题和时事政治动态，将相关内容和案例引入课堂教学中；三是加强对中华优秀传统文化和优秀思政资源的挖掘和整理，将其融入高校思政课教学中，增强学生的文化自信和民族自豪感。

2. 创新教学方法

创新教学方法是提高高校思政课教学效果的重要途径。高校应积极探索和创新高校思政课的教学方法，采用多种教学手段和互动方式提高教学效果。

为了创新教学方法，高校可以采取以下措施：一是引入案例教学、情境教学、实践教学等多种教学方法，让学生在具体情境中体验和学习；二是利用网络教学平台等现代信息技术手段，为学生提供丰富的学习资源和互动工具，实现师生之间的实时互动与反馈；三是鼓励学生参与课堂讨论和交流互动，提高他们的参与度和学习效果。

3. 注重实践教学

实践教学是高校思政课的重要组成部分，也是培养学生实践能力和创新精神的重要途径。高校应注重实践教学环节的设计和实施，通过组织学生开展实践活动，让他们将所学知识运用于实际生活中。

为了落实实践教学，高校可以采取以下措施：一是加强与政府、企业、社区等的合作与交流，建立稳定的实践教学基地；二是组织学生参与社会实践、志愿服务等活动，让他们在实践中锻炼和提高自己的能力；三是加强对实践教学的指导和评估。

（三）完善评价体系和反馈机制

完善评价体系和反馈机制是提高高校思政课教学质量和效果的重要保障。建立科学合理的评价体系和反馈机制，可以及时发现和解决教学中存在的问题和不足，促进教学质量的持续提高。

1. 建立科学合理的评价体系

建立科学合理的评价体系是评价教学质量和效果的基础。高校应建立包含学生评价、同行评价、专家评价等多个方面的评价体系，全面客观地评价高校思政课的教学质量和效果。

为了建立科学合理的评价体系，高校可以采取以下措施：一是制定科学的评价标准和方法，确保评价的客观性和公正性；二是加强对学生评价的重视和利用，通过问卷调查、座谈会等方式收集学生的反馈意见和建议；三是加强对同行评价和专家评价的利用，通过教学观摩、教学比赛等方式促进高校与同行、专家的交流和学习。

2. 加强教学反馈和改进

加强教学反馈和改进是提高教学质量和效果的重要手段。高校应加强教学反馈和改进工作，及时发现和解决教学中存在的问题和不足，促进教学质量的持续提高。

为了加强教学反馈和改进工作，高校可以采取以下措施：一是完善教学反馈机制，通过问卷调查、座谈会等方式收集师生对教学的反馈意见和建议；二是加强对教学反馈信息的分析和利用，及时发现并解决教学问题；三是加强对教学改进工作的跟踪和评估，确保教学改进工作得到有效实施并取得实效。

二、优化策略

（一）推动信息技术与高校思政课的深度融合

随着信息技术的快速发展和普及，信息技术与高校思政课的深度融合已成为提高教学质量和效果的重要途径。现代信息技术手段可以丰富教学手段和教学方式，提高教学效果、丰富学生的学习体验。

1. 建设网络教学平台

网络教学平台是信息技术与高校思政课深度融合的重要载体。高校应建设功能完善的网络教学平台，为师生提供便捷、高效的教学渠道和丰富的教学资源。网络教学平台应具备课程管理、作业提交、在线测试、互动交流等功能，满足师生的在线教学需求。

为了建设网络教学平台，高校可以采取以下措施：一是加大资金投入力度，购置先进的网络设备和软件工具；二是组织专业团队进行网络教学平台开发和维护工作，确保网络教学平台的稳定运行和不断升级；三是加强对师生的培训和支持力度，帮助他们熟练掌握网络教学平台的使用方法和技巧。

2. 开发优质的数字教育资源

开发优质的数字教育资源是信息技术与高校思政课深度融合的重要保障。高校应开发优质的数字教育资源，为高校思政课教学提供有力支持。电子课件、视频教程等数字教育资源，可以丰富和完善教学内容体系；同时，虚拟现实、增强现实等先进技术，可以创设逼真的教学情境，提高学生的学习兴趣和参与度。

为了开发优质的数字教育资源，高校可以采取以下措施：一是组织专业团队进行数字教育资源开发和制作，确保数字教育资源的优质性和实用性；二是加大对数字教育资源的审核和监管力度，防止不良信息的传播和影响；三是加强对数字教育资源的推广和应用力度，让更多师生受益于数字教育资源。

3. 推广智慧课堂等新型教学模式

智慧课堂等新型教学模式是信息技术与高校思政课深度融合的重要体现。教师通过运用大数据、人工智能等现代信息技术手段，可以对学生的学习行为进行分析和预测，为个性化教学提供支持；同时，利用智慧课堂等新型教学模式，可以实现师生之间的实时互动与反馈，提高教学效果。

为了推广智慧课堂等新型教学模式，高校可以采取以下措施：一是加强对智慧课堂等新型教学模式的研究和探索力度，不断完善和优化教学模式；二是组织教师进行培训和学习活动，帮助他们掌握智慧课堂等新型教学模式的使用方法和技巧；三是加大对智慧课堂等新型教学模式的宣传和推广力度，让更多师生了解和接受智慧课堂等新型教学模式。

（二）构建协同育人机制

构建协同育人机制是推动高校思政课教学模式改革的重要途径。高校通过加强高校思政课与其他学科的交叉融合、拓展实践教学基地、发挥共青团和学生会等组织的作用等方式，可以形成协同育人合力，推动高校思政课教学的创新与发展。

1. 加强高校思政课与其他学科的交叉融合

加强高校思政课与其他学科的交叉融合是构建协同育人机制的重要措施之

一。高校思政课通过与其他学科的合作与交流，可以丰富和完善高校思政课的教学内容和方法。同时，其他学科的研究成果和实践经验，可以为高校思政课教学模式改革提供有力支持。

为了加强高校思政课与其他学科的交叉融合，高校可以采取以下措施：一是加强高校思政课与相关学科的合作与交流，促进知识的互补和共享；二是鼓励高校思政课教师参与其他学科的教学和科研工作，拓宽他们的学术视野和知识面；三是加强对跨学科课程的建设和推广力度，推动高校思政课与其他学科的深度融合。

2. 拓展实践教学基地

拓展实践教学基地是构建协同育人机制的重要举措之一。

为了拓展实践教学基地，高校可以采取以下措施：一是加强与政府、企业、社区等的联系和沟通，寻求合作机会和支持；二是组织师生进行实地考察和调研活动，了解实践教学基地的情况和需求；三是加强对实践教学基地的建设和管理力度，确保实践教学活动能够顺利进行并取得实效。

3. 发挥共青团、学生会等组织的作用

发挥共青团、学生会等组织的作用是构建协同育人机制的重要途径之一。组织学生参与高校思政课相关活动及开展主题团日、主题班会等形式多样的教育活动，可以提高学生的参与度和学习效果；同时，共青团、学生会等组织的力量和资源，可以为高校思政课教学模式改革提供有力支持。

为了发挥共青团、学生会等组织的作用，高校可以采取以下措施：一是加强与共青团、学生会等组织的联系和沟通，寻求合作机会和支持；二是组织师生参与高校思政课相关活动的设计和策划，提高活动的针对性和实效性；三是加强对活动的宣传和推广力度，让更多师生了解和参与活动。

（三）注重学生的主体性发展

注重学生的主体性发展是推动高校思政课教学模式改革的重要方向。激发学生的学习兴趣和主动性、关注学生的个体差异和需求、培养学生的创新意识和实践能力等，可以促进学生的全面发展和成长成才。

1. 激发学生的学习兴趣和主动性

激发学生的学习兴趣和主动性是提高高校思政课教学效果的重要途径之一。教师通过采用启发式、探究式等教学方法，可以引导学生自主思考和探究问题；同时，通过组织学生进行课堂讨论和交流互动等，可以提高他们的参与度和学习效果。

为了激发学生的学习兴趣和主动性，教师可以采取以下措施：一是注重教学方法的创新运用，采用多种教学手段和互动方式；二是组织学生开展课堂讨论和交流互动等，提高学生的课堂参与度；三是加强对学生的引导和激励工作，鼓励他们积极参与课堂学习和实践活动。

2. 关注学生的个体差异和需求

关注学生的个体差异和需求是因材施教的重要体现。教师基于学生的学习基础、兴趣爱好和认知能力等，可以制订个性化的教学计划和方案；同时，针对不同学生的特点和需求，教师可以采用不同的教学方法和教学手段来满足他们的多样化需求。

为了关注学生的个体差异和需求，教师可以采取以下措施：一是加强对学生的了解和评估工作，了解他们的学习基础、兴趣爱好和认知能力等情况；二是制订个性化的教学计划和方案，满足学生的多样化需求；三是加强对学生的指导，帮助他们克服学习中的困难。

3. 培养学生的创新意识和实践能力

培养学生的创新意识和实践能力是高校思政课教学的重要目标之一。教师通过组织学生进行科研创新活动、社会实践活动等，可以增强他们的创新意识和实践能力；同时，借助高校思政课的教学平台和教学资源，教师可以引导学生将所学知识应用于实际生活，培养他们的创新意识和实践能力。

为了培养学生的创新意识和实践能力，高校可以采取以下措施：一是加强对学生的科研创新活动和社会实践活动等的组织和支持力度；二是提供便捷、高效的教学平台并提供丰富的教学资源供学生使用；三是加强对学生的指导和辅导，帮助他们增强创新意识和实践能力。

综上所述，高校思政课教学模式的改革与优化是一个系统性工程，需要政府、高校、教师和学生等多方面的共同努力和协作配合。通过加强教师队伍建设、优化教学内容和方法、完善评价体系和反馈机制等改革路径，以及推动信息技术与高校思政课的深度融合、构建协同育人机制、注重学生的主体性发展等优化策略的实施，我们可以不断提高高校思政课的教学质量和效果，为培养具有高尚品德、扎实学识和创新能力的新时代青年做出积极贡献。同时，我们也应关注国外教育发展趋势和动态，借鉴先进的经验和做法，不断创新和完善高校思政课教学模式，以适应新时代我国高等教育事业的发展。

第六章　高校思想政治理论课教学评价的改革与优化

教学评价作为高校思政课教学的重要环节，对于提高教学质量、激发学生学习兴趣、促进教学改革具有重要作用。本章将首先回顾高校思政课教学评价的发展历程，分析不同历史阶段的教学评价特点；其次，阐述高校思政课教学评价改革的原则，为后续高校思政课教学评价的改革路径与优化策略提供理论支撑；最后，提出具体的高校思政课教学评价的改革路径与优化策略，旨在构建科学、合理、有效的高校思政课教学评价体系，为提升高校思政课教学质量和教学效果贡献力量。

第一节　高校思想政治理论课教学评价的发展历程

高校思政课教学评价的发展历程，深刻反映了我国高等教育事业的发展与教育教学改革的推进。

一、改革开放初期的初步探索

改革开放初期，我国高等教育事业迎来了新的发展契机。在此背景下，高校思政课教学评价也开始了逐步探索。然而，受限于当时的教育理念和教育评价体系，高校思政课教学评价主要聚焦于对教学内容的考核，忽视了对学生学习过程和能力的全面评价。这种评价方式过度依赖考试成绩，难以全面、准确地反映学生的学习实况和高校思政课的教学效果。

在这一阶段，高校思政课教学评价多采用传统的笔试形式，通过选择题、简答题、论述题等题型来检验学生对思政理论知识的掌握程度。这种评价方式虽能在一定程度上反映学生的记忆和理解能力，但其局限性也颇为明显。一方面，它难以考量学生的思维能力、创新能力和实践能力，这些能力对培养学生的综合素质至关重要；另一方面，评价标准的单一性和片面性导致学生在学习过程中往往侧重于记忆，而忽视了对知识的深入理解和灵活应用。这种应试导向的学习方式不仅制约了学生的全面发展，也影响了高校思政课的教学效果。

此外，改革开放初期的高校思政课教学评价还缺乏对学生个体差异的关注。每个学生都是独一无二的，他们在学习能力、兴趣爱好、思维方式等方面均存在差异。然而，传统的评价方式往往忽视了学生的个体差异，而采用统一的标准和方法进行评价，使得评价结果缺乏针对性和有效性。这种评价方式既难以激发学生的学习兴趣和主动性，又难以满足学生的个性化学习需求。

二、21 世纪以来的深化发展

进入 21 世纪，随着我国高等教育事业的蓬勃发展和教育教学改革的深入推进，高校思政课教学评价也迈入了深化发展的新阶段。这一时期，高校思政课教学评价开始注重对学生学习过程和能力的全面评价，强调评价标准的全面化，以适应新时代我国高等教育事业的发展需求。

（一）评价理念的转变

21 世纪以来，随着教育理念的更新和教育教学改革的深化，高校思政课教学评价逐渐从传统的知识本位向能力本位转变。这种转变体现在评价理念上，即更加注重对学生思维能力、创新能力和实践能力的评价，同时注重评价方式的多样性和全面性。此外，评价理念也开始关注学生的个体差异和全面发展，倡导因材施教和个性化教学。

在这种评价理念的指引下，高校思政课教学评价开始关注学生的学习过程和能力发展，而非仅仅关注学习结果。多样化的评价方式和全面的评价标准，能够更准确地反映学生的学习情况和高校思政课的教学效果。这种评价理念的转变不仅有助于激发学生的学习兴趣和主动性，也有助于培养学生的综合素质。

（二）评价标准的全面化

在评价理念转变的基础上，高校思政课评价标准也呈现出全面化的特点，除了考查学生对思政理论知识的掌握情况，还开始关注学生的思维能力、创新能力、实践能力及情感、态度和价值观等方面的发展。这种全面化的评价标准能够更准确地反映学生的学习情况，为高校思政课教学评价改革提供有力支撑。

1. 思维能力

思维能力是学生综合素质的重要组成部分。高校思政课教学评价应重视对学生思维能力的评价。通过考查学生的逻辑思维、批判性思维和创新思维等方面的发展情况，教师可以了解学生的思维水平和能力状况，有助于进一步培养学生的思维能力和创新精神。

2. 创新能力

创新能力是新时代青年必备的核心素养之一。高校思政课教学评价应重视对学生创新能力的评价。通过考查学生的创新意识、创新思维和创新能力等方面的发展情况，教师可以了解学生的创新水平和创新潜力，有助于激发学生的创新意识和创新精神，进而培养他们的创新能力。

3. 实践能力

实践能力是学生将所学知识应用于实际生活中的能力。高校思政课教学评价应重视对学生实践能力的评价。通过考查学生的实践操作能力、问题解决能力和团队协作能力等方面的发展情况，教师可以了解学生的实践水平和实践能力，有助于培养学生的实践能力。

4. 情感、态度和价值观

情感、态度和价值观是学生全面发展的重要方面。高校思政课教学评价应重视对学生情感、态度和价值观的评价。通过考查学生的情感、态度和价值观等方面的发展情况，教师可以了解学生的情感发展水平和价值观念状况，有助于进一步培养学生良好的情感、态度和价值观，为他们的全面发展提供有力支持。

三、新时代的创新发展

新时代，随着我国高等教育事业的进一步发展和教育教学改革的持续深化，高校思政课教学评价也迎来了新的发展机遇。在这一阶段，高校思政课教学评价更加注重对学生核心素养的评价，强调评价的科学性与有效性。

（一）核心素养导向的评价

核心素养是指学生应具备的适应终身发展和社会发展需要的必备品格和关键能力，包括文化基础、自主发展、社会参与等方面。高校思政课教学评价应重视对学生核心素养的评价，通过考查学生的文化基础、自主发展、社会参与等方面的发展情况，全面反映学生的核心素养培育情况和高校思政课的教学效果。

1. 文化基础

文化基础是学生全面发展的基石。高校思政课教学评价应重视对学生文化基础的评价。通过考查学生对马克思主义基本原理和党的路线方针政策等内容的掌握情况，以及他们对中华优秀传统文化的传承和弘扬情况，教师可以了解学生的文化基础，从而进一步增强学生的文化认同感和文化自信心。

2. 自主发展

培养学生的自主发展能力是促进学生全面发展的关键。高校思政课教学评价应重视对学生自主发展的评价。通过考查学生的自主学习能力、自我管理能力和自我发展能力等方面的发展情况，教师可以了解学生的自主发展水平和自主发展潜力，有助于进一步培养学生的自主发展能力。

3. 社会参与

鼓励学生进行社会参与是促进学生全面发展的必然要求。高校思政课教学评价应重视对学生社会参与的评价。通过考查学生的社会责任感、公民意识和团队协作能力等方面的发展情况，教师可以了解学生的社会参与水平和社会参与能力，有助于培养学生的社会责任感和历史使命感。

（二）科学性与有效性并重

新时代的高校思政课教学评价坚持科学性与有效性并重。科学性要求教学评价应基于科学的教育理念和教学方法，采用科学的评价方式和评价标准，确保评价结果的客观性和准确性。有效性则要求教学评价要能够真实反映学生的学习情况和高校思政课的教学效果。为实现科学性与有效性的并重，高校应加强对高校思政课教学评价的研究和探索，不断完善评价体系和评价方法，提高教学评价的科学性和有效性。

综上所述，高校思政课教学评价的发展历程是一个不断探索和创新的过程。从改革开放初期的初步探索，到 21 世纪以来的深化发展，再到新时代的创新发展，高校思政课教学评价始终与时俱进，不断适应时代发展的需要。在这一过程中，评价理念实现了从知识本位向能力本位的转变，评价标准也更加全面化。同时，新时代的高校思政课教学评价更加注重对学生核心素养培育情况的评价，更加强调评价的科学性与有效性。这一发展历程为未来的高校思政课教学评价改革提供了宝贵的历史借鉴和理论基础。

第二节　高校思想政治理论课教学评价改革的原则

高校思政课教学评价改革，是提高教育质量、促进学生全面发展的重要举措。它涉及教学理念、评价方法、师生关系等多个层面，需综合考虑各种因素，确保高校思政课教学评价改革的全面性和有效性。为确保这一系统工程顺利进行并取得预期效果，教师必须遵循一系列原则。本节将详细阐述高校思政课教学评价改革的原则，以期为高校思政课教学评价改革实践提供理论指导和操作指南。

一、以学生为中心的原则

以学生为中心是现代教育理念的重要内容，也是高校思政课教学评价改革的重要基石。这一原则强调了学生在教学评价过程中的主体地位，旨在突破传统教学评价中以教师为中心的局限性，转向更加关注学生全面发展的评价模式。

（一）尊重学生的主体性和个性差异

在传统的教学评价模式中，教师往往处于主导地位，学生则被动接受评价。这种评价方式忽视了学生的主体性和个性差异，难以全面、准确地反映学生的学习实况和能力水平。以学生为中心的原则要求我们必须尊重学生的主体地位，关注他们的个性差异，采用多样化的评价方式和手段，全面评价学生的综合素质和能力。

首先，教师应关注学生的兴趣爱好、学习风格、认知特点等个体差异。每个学生都是独一无二的，他们在学习能力、兴趣爱好、思维方式等方面均存在差异。因此，教师应根据学生的实际情况，采用适合他们的评价方式和手段。

其次，鼓励学生积极参与评价过程。在传统的教学评价中，学生往往被视为被评价的对象，缺乏参与评价的机会和权利。然而，以学生为中心的原则强调学生的主体性和参与性，鼓励学生积极参与评价过程，发表自己的意见和看法。这不仅可以提高评价结果的客观性和准确性，还能培养学生的自我评价能力和批判性思维。

最后，培养学生的自我评价能力。培养学生的自我评价能力是学生自我认知和自我提升的重要途径。通过自我评价，学生可以客观、全面地认识自己，明确自己的优势和不足，为未来发展奠定基础。因此，高校思政课教学评价改革应注重培养学生的自我评价能力，引导他们学会自我反思和总结，不断提高自己的综合素质。

（二）关注学生的全面发展

高校思政课作为培养学生思想道德素质、法律素养、社会责任感等的重要课程，其评价体系必须充分体现对这些内容的评价。以学生为中心的原则要求我们在教学评价中关注学生的全面发展，不仅要评价他们的学术知识与技能，还要评价他们的创新与批判性思维、社会参与与公民意识，以及情感、态度与价值观等方面的发展。

首先，学术知识与技能。该方面主要评价学生对高校思政基础知识的掌握程度，评价形式包括考试成绩、作业质量、项目报告、实践结果等。

其次，创新与批判性思维。该方面主要评价学生在面对问题时能否提出新颖见解，能否运用批判性思维分析问题，并能在实践中探索和创新。评价内容包括学生的创新意识、解决问题的策略和方法，以及将理论知识应用于实践的能力。

再次，社会参与与公民意识。该方面主要评价学生参与社区服务、志愿服务、环保行动等社会活动的积极性及其对社会问题的关注度和责任感。对学生社会参与与公民意识的评价有助于培养学生的公民意识，增强学生的社会责任感。

最后，情感、态度与价值观。该方面主要评价学生对待学习的态度（积极性、主动性等）、对自我和他人的尊重、责任感、同理心及积极向上的生活态度；此外，还包括评价学生对社会正义、环境保护等价值观的理解和践行情况。

二、全面性与发展性相结合的原则

全面性与发展性相结合的原则，要求教师在教学评价中既要注重对学生当前综合素质的全面评价，又要关注他们的成长进步和发展潜力。这一原则体现了对学生全面发展的关注和培养，旨在促进学生的全面成长和进步。

（一）全面评价学生的综合素质

高校思政课作为培养学生综合素质的重要课程，其评价体系必须全面反映学生的综合素质。全面性与发展性相结合的原则要求我们在教学评价中要从多个角度出发，全面、客观地评价学生。

首先，采用多样化的评价方式。除了传统的笔试测试法，教师还可以采用观察法、问卷调查法等多种评价方式。这些评价方式能够更客观地反映学生的学习实况和能力水平，帮助我们更准确地评价学生的综合素质。

其次，关注学生的学习过程。关注学生的学习过程是评价学生的重要方面。通过课堂观察、作业批改、小组讨论等方式，教师可以了解学生的学习态度、学习方法、学习效果等方面的情况，从而全面评价学生。

再次，关注学生的课外活动和社会实践。通过组织学生进行社会调查、志愿服务等活动，教师可以了解学生的社会责任感、公民意识、团队协作能力等方面的情况，从而全面评价学生的综合素质。

最后，注重对学生个体差异的关注。在全面评价学生的综合素质时，教师应充分考虑学生的个体差异，采用个性化的评价方式和评价标准，确保评价结果的客观性和准确性。

（二）关注学生的成长进步和发展潜力

全面性与发展性相结合的原则还要求我们在教学评价中应关注学生的成长进步和发展潜力。高校思政课的教学目标是培养学生的综合素质、促进学生全面发展，因此评价过程应关注学生的成长进步和发展潜力。

首先，关注学生的成长过程。通过定期跟踪学生的学习情况和表现，教师可以了解学生的成长进步和发展潜力，从而为他们提供有针对性的指导和支持。

其次，鼓励学生尝试和探索。尝试和探索是学生成长进步的重要途径。在高校思政课教学评价中，教师应鼓励学生积极参与各种实践活动和科研项目，让他们在尝试和探索中锻炼能力、提升素质。

再次，注重对学生的个性化指导和支持。个性化指导和支持是促进学生成长进步、挖掘学生潜力的重要手段。通过了解学生的学习需求和兴趣，教师可以为他们提供个性化的指导和支持，帮助他们发挥自己的优势和特长，实现全面发展。

最后，建立有效的反馈机制。反馈机制是评价学生成长进步和发展潜力的重要环节。通过及时向学生反馈评价结果和建议，教师可以帮助学生了解自己的优点和不足，明确改进方向和目标，促进他们的成长进步。

三、科学性与人文性相结合的原则

科学性与人文性相结合的原则，要求教师在教学评价中既要注重科学方法和手段的运用，又要关注学生的情感体验和价值观念。这一原则体现了科学精神与人文关怀的有机结合，旨在促进学生的全面发展。

（一）注重科学方法和手段的运用

科学性是教学评价的重要基础。在高校思政课教学评价中，教师应注重科学方法和手段的运用，确保评价结果的准确性和可靠性。

首先，采用科学的评价标准和指标。评价标准和指标是实施评价的重要依据。教师应根据高校思政课的教学目标和要求，制定科学的评价标准和指标，确保评价结果的客观性和准确性。

其次，运用科学的评价方法和工具。评价方法和工具是实施评价的重要手段。教师应采用科学的评价方法和工具，如问卷调查法、访谈法、观察法等，全面、客观地收集学生的信息和数据，为评价提供有力支持。

再次，注重数据的收集和分析。数据的收集和分析是实施评价的重要环节。教师应注重数据的收集和分析工作，确保数据的准确性和可靠性；同时，运用统计软件和数据分析方法，对数据进行深入分析，为评价提供科学依据。

最后，确保评价过程的公正性和透明性。公正性和透明性是评价过程的基本要求。教师应确保评价过程的公正性和透明性，避免评价过程受主观臆断和偏见的影响；同时，应建立有效的监督机制，对评价过程进行全程监督和管理，确保评价结果客观、准确。

（二）关注学生的情感体验和价值观念

高校思政课教学评价应关注学生的情感体验和价值观念，体现人文关怀。

首先，尊重学生的个性和情感需求。每个学生的情感体验和价值观念都有所不同，因此，在评价过程中，教师应尊重学生的个性和情感需求，以关怀和理解的态度对待学生。

其次，注重与学生的沟通和交流。沟通和交流是了解学生情感体验和价值观念的重要途径。教师应注重与学生的沟通和交流，倾听他们的意见，了解他们的需求和期望。通过沟通和交流，教师可以更好地了解学生的情感体验和价值观念，为教学评价提供有力支持。

再次，采用多样化的评价方式和方法。多样化的评价方式和方法有助于教师更好地关注学生的情感体验和价值观念。我们可以采用问卷调查法、观察法等评价方式和方法，让学生在轻松愉快的氛围中接受评价，发挥教学评价的反馈和指导作用。

最后，注重教学评价的反馈和指导作用。充分发挥教学评价的反馈和指导作用是促进学生全面发展的重要手段。教师应注重教学评价的反馈和指导作用，及时向学生反馈评价结果和建议，帮助他们了解自己的优点和不足，明确改进方向和目标；同时，针对学生的个体差异和情感需求，为学生提供个性化的指导和支持。

四、过程性评价与终结性评价相结合的原则

过程性评价与终结性评价相结合的原则，要求教师在教学评价中既要关注学生的学习过程和能力发展情况，又要关注他们的学习成果。这一原则体现了对学生学习全过程的关注和评价。

（一）关注学生的学习过程和能力发展情况

过程性评价强调关注学生的学习过程和能力发展情况，要求教师通过及时反馈和指导，帮助学生发现问题、调整策略，提高学习效果。

首先，注重课堂观察和记录。课堂观察和记录是了解学生学习过程和能力发展情况的重要途径。教师应注重课堂观察和记录，关注学生的学习态度、学习方法及学习效果等。通过课堂观察和记录，教师可以及时发现学生的问题和不足，并为他们提供有针对性的指导和支持。

其次，采用多样化的过程性评价方式。多样化的过程性评价方式能够更好地反映学生的学习过程和能力发展情况。教师可以采用交流展示法、课堂观察法等过程性评价方式，全面了解学生的学习过程和能力发展情况；同时，可以结合现代信息技术手段，如在线学习平台等，实时跟踪学生的学习进度和表现情况。

再次，注重及时反馈和指导。及时反馈和指导是过程性评价的重要环节。教师应注重及时反馈和指导，及时将评价结果和建议反馈给学生，帮助学生及时改进不足之处。同时，教师可针对学生的个体差异和能力发展情况，为学生提供个性化的指导和支持，促进他们的全面发展。

最后，建立有效的过程性评价机制。有效的过程性评价机制是确保过程性评价顺利进行的重要保障。教师应建立有效的过程性评价机制，明确评价目标、标准和评价方法，确保教学评价的有效性。同时，教师应加强对过程性评价的监督和管理工作。

（二）关注学生的学习成果

终结性评价关注学生的学习成果，常通过考试、论文等方式全面评价学生的学习水平。在高校思政课教学评价中，终结性评价具有重要的意义。

首先，采用多样化的终结性评价方式。多样化的终结性评价方式能够更好地反映学生的学习成果。教师可以采用考试、论文等终结性评价方式，全面评价学生的学习成果。同时，教师还可以结合现代信息技术手段，如在线考试平台等，

实现终结性评价的自动化和智能化。

其次，注重评价内容的全面性和评价方式的多样性。评价内容的全面性和评价方式的多样性是确保终结性评价客观、准确的重要保障。教师应注重评价内容的全面性和评价方式的多样性，确保评价结果的客观性和准确性。同时，教师还应根据学生的实际情况和需求，采用个性化的评价方式和评价标准，为他们提供有针对性的评价和指导。

再次，引入学生自评、学生互评和校外评价等多元评价方式。多元评价方式是确保终结性评价全面、客观的重要手段。教师可以采用学生自评、学生互评和校外评价等多元评价方式，为高校思政课教学评价改革注入更多活力。通过学生自评和学生互评，教师可以了解学生对自己和同学的评价和看法；通过校外评价，教师可以了解社会对学生的评价和认可程度。这些评价方式有助于全面反映学生的学习成果。

最后，注重终结性评价的反馈和指导作用。充分发挥终结性评价的反馈和指导作用是促进学生全面发展的重要手段。教师应注重终结性评价的反馈和指导作用，及时向学生反馈评价结果，帮助他们明确改进方向和策略。同时，教师还应针对学生的个体差异和学业情况，为学生提供个性化的指导和支持，促进他们的全面发展。

综上所述，高校思政课教学评价改革的原则包括以学生为中心的原则、全面性与发展性相结合的原则、科学性与人文性相结合的原则，以及过程性评价与终结性评价相结合的原则。这些原则相互关联、相互促进，为高校思政课教学评价改革提供了方向指导。在未来的高校思政课教学评价改革实践中，教师应继续坚持和发展这些原则，不断探索和创新评价方法和评价手段，为培养德智体美劳全面发展的社会主义建设者和接班人做出更大贡献。

第三节　高校思想政治理论课教学评价的改革路径与优化策略

在深入探讨高校思政课教学评价的发展历程和改革原则的基础上，本节将提出一系列具体的改革路径与优化策略。这些改革路径和优化策略的目标在于构建一个既科学合理又高效实用的高校思政课教学评价体系，从而全面提升高校思政课的教学质量和教学效果，为新时代的人才培养奠定坚实的基础。

一、改革路径

（一）构建多元化的教学评价体系

构建多元化的教学评价体系，是高校思政课教学评价改革的一条重要路径。这一路径的核心在于，教学评价不应局限于单一的方式或标准，而应追求评价方式的多样性和全面性。

1. 引入多样的教学评价方式

为了实现教学评价体系的多元化，高校应当积极引入并实践多种教学评价方式，除了笔试，还可以尝试口试、讨论法、量表评价法、作品展示法、档案法等多种评价方式。这些评价方式各有千秋，能够从不同角度、不同层面反映学生的学习状况和高校思政课的教学效果。例如，口试可以考查学生的口头表达能力和逻辑思维能力，讨论法可以评价学生的问题解决能力和沟通能力。

2. 制定全面的教学评价标准

在教学评价标准的制定上，高校应秉持全面性和发展性相结合的原则。除了考查学生对思政课理论知识的掌握情况，高校还应关注学生的思维能力、创新能力、实践能力及情感、态度与价值观等多方面的发展。通过制定全面的教学评价标准，高校可以更加准确地衡量学生的学习成果，为教学工作改进提供重要的依据。

（二）强化过程性评价的作用

过程性评价是教学评价的重要方式，它强调对学生学习过程的持续关注和评价，并为教学改革提供即时反馈。

1. 建立过程性评价机制

为了有效开展过程性评价，高校需要建立一个完善的过程性评价机制。该机制的建立需要高校定期收集和分析学生的学习数据、教学反馈信息，以及建立学生成长档案等。通过这一机制，教师可以及时了解学生的学习动态，掌握教学效果，为教学调整提供数据支持。

2. 加强过程性评价的反馈作用

过程性评价的反馈作用不容忽视。高校应确保过程性评价结果得到及时反馈，帮助教师及时调整教学策略，以及帮助学生改进学习方法。同时，高校可以通过组织教学研讨会、经验分享会等活动，促进教师之间的交流与合作，共同探索过程性评价的有效实施方案，推动高校思政课教学评价的改革和创新。

（三）推动信息技术与教学评价的深度融合

1. 利用信息技术手段收集和分析数据

高校应充分利用信息技术手段，如在线学习平台、数据挖掘技术等，来收集和分析学生的学习数据。这些数据可以为教学评价提供客观、准确的依据，帮助教师更好地了解学生的学习情况和教学效果。

2. 开发智能化的评价工具和系统

利用信息技术，高校可以开发智能化的评价工具和系统，如在线测试系统、作业提交系统、课堂互动系统等。这些智能化的评价工具和系统不仅可以提高教学评价的效率和准确性，还能实现对学生学习过程和能力的全面跟踪和评估，为高校思政课教学评价改革提供有力的技术支持。

二、优化策略

（一）加强教师培训

教师是教学评价的主体和关键，其教学评价意识和能力直接影响教学评价的科学性和有效性。

1. 提高教师的教学评价意识和能力

高校应加强对教师的培训，提高他们对教学评价的认识和重视程度。高校可以组织教师参加教学研讨会、工作坊等活动，帮助他们深入了解教学评价的理念和方法；组织教学观摩、案例分析等实践活动，提高他们的教学评价能力。

2. 鼓励教师参与教学评价研究

为了推动教学评价的创新与发展，高校应鼓励教师积极参与教学评价研究。高校可以通过设立教学评价研究项目、提供研究经费等激励措施，引导教师深入研究教学评价的理论和方法；通过组织教师参加国内外学术会议等活动，促进教师之间的交流与合作，共同提高教学评价的实践效果。

（二）完善教学评价反馈与改进机制

完善教学评价反馈与改进机制是优化高校思政课教学评价体系的关键。

1. 完善教学评价反馈机制

高校应不断完善教学评价反馈机制，确保评价结果的及时反馈和有效利用。高校应在定期收集和分析学生的学习数据和教学反馈信息的基础上，建立学生反馈渠道，收集学生对教学评价的意见和建议，为高校思政课教学评价改革提供有价值的参考。

2. 制订教学评价改进计划并跟踪实施效果

在获得教学评价反馈的基础上，高校应制订具体的教学评价改进计划，并明确责任人和时间节点。高校针对教学评价的问题和不足，提出切实可行的改进措施，并确保这些措施得到有效实施；同时，应定期对教学评价改进计划的实施效果进行评估和调整，确保改进措施的有效性和可持续性。

（三）注重教学评价的公平性与公正性

公平性与公正性是教学评价的基本原则，也是优化高校思政课教学评价体系的重要保障。

1. 制定合理的教学评价标准和程序

为了确保教学评价的公平性与公正性，高校应制定科学、合理的教学评价标准，并确保教学评价程序的规范性和可操作性。在制定教学评价标准时，高校应充分考虑学生的个体差异和发展需求，确保评价标准的全面性和发展性；在制定教学评价程序时，高校应明确教学评价流程、教学评价方法和教学评价要求，确保教学评价过程的公平性与公正性。

2. 加强监督与评估工作

为了确保教学评价的公平性与公正性得到有效维护，高校应加强监督与评估工作。高校应建立健全的监督机制，对教学评价过程进行全面监督和评估，确保教学评价工作的规范性和公正性；组织专家评估、同行评议等活动，对教学评价结果进行客观评估和分析，确保教学评价结果的准确性和可靠性；同时，还应加强对教学评价人员的培训和管理，提高他们的专业素养和职业道德水平，确保教学评价工作的公平性与公正性。

综上所述，高校思政课教学评价的改革与优化是一个系统工程，需要遵循一定的原则和规律。通过构建多元化的评价体系、强化过程性评价的作用、推动信息技术与教学评价的深度融合等改革路径，以及加强教师培训、完善教学评价反馈与改进机制、注重教学评价的公平性与公正性等优化策略，我们可以构建一个更加科学、合理、有效的高校思政课教学评价体系。这将有助于提高高校思政课的教学质量和效果，为培养具有高尚品德、扎实学识和创新能力的新时代青年贡献更大的力量。

第七章　高校思想政治理论课智慧课堂的教学艺术

本章将深入探讨高校思政课智慧课堂的教学艺术，旨在提升高校思政课的教学质量和效果。在信息技术高速发展的背景下，智慧课堂为高校思政课带来了前所未有的机遇与挑战。本章将从备课艺术、授课艺术和组织管理艺术 3 个方面入手，全面分析智慧课堂环境下高校思政课的创新与实践。

第一节　高校思想政治理论课智慧课堂的备课艺术

一、备课过程的创新与转变

（一）以学生为中心的备课理念

智慧课堂主张以学生为中心，强调学生的主体性和参与性。这一备课理念要求教师将学生的需求、兴趣和认知水平作为教学设计的出发点和落脚点。

1. 了解学生的需求

在备课之初，教师应通过多种方式全面了解学生的学习需求。例如，设计包含学生对高校思政课的兴趣点、学习难点、期望的教学形式等内容的调查问卷，进行问卷调查，或者通过个别访谈、课堂观察等方式，深入了解学生的学习特点和心理状态。这些反馈信息不仅有助于教师准确把握学生的学习现状，还能为教学内容的调整和教学方法的选择提供有力依据。

在了解学生需求的过程中，教师应注重数据的收集与分析。例如，利用在线教学平台的数据分析工具，追踪学生的学习行为，如学习时间、学习进度、答题正确率等，从而更精准地把握学生的学习需求和学习难点。这些数据可以为教师提供直观的参考，帮助教师在备课过程中更有针对性地设计教学内容、选择教学方法。

2. 关注学生的兴趣

兴趣是最好的老师。教师应注重将学生的兴趣融入教学内容中，使教学更加贴近学生的实际生活。例如，针对当前学生普遍关注的社会热点和时事政治，教师可以选取相关案例进行分析，引导学生深入思考并发表见解。这样不仅能激发学生的学习兴趣，还能培养他们的社会责任感和历史使命感。

为了更好地关注学生的兴趣，教师可以利用社交媒体、网络论坛等平台，了解学生关注的热门话题；同时，也可以邀请学生参与到教学资源的收集与整理中，让他们提出自己感兴趣的话题和案例，从而增强备课的针对性和实效性。

3. 尊重学生的个体差异

学生在知识基础、学习能力、兴趣爱好等方面都存在着一定的差异。因此，教师在备课时应充分尊重学生的个体差异，采用分层教学、个性化指导等策略，满足不同学生的学习需求。

分层教学要求教师根据学生的学习水平和能力，将教学内容划分为不同的层次，为不同层次的学生提供相应的教学资源和辅导。例如，对于基础薄弱的学生，教师可以设计一些基础性的练习题和讲解内容，帮助他们巩固基础知识；对于学有余力的学生，教师则可以提供一些拓展性的学习资源和思考题目，激发他们的探究欲望和创新思维。

个性化指导要求教师关注学生的学习特点和心理状态，为他们提供个性化的学习建议和辅导。例如，对于性格内向的学生，教师可以通过在线聊天、发送邮件等方式与他们进行沟通，了解他们的学习困惑和心理需求；对于性格外向的学生，教师则可以鼓励他们参与课堂讨论和小组活动，提高他们的表达能力和团队协作能力。

（二）与现代信息技术的融合

智慧课堂依托大数据技术、人工智能、虚拟现实技术等现代信息技术，为高校思政课教学提供了强大的技术支持。

1. 大数据技术助力精准教学

大数据技术的应用为精准教学提供了可能。通过收集和分析学生的学习行为和学习效果数据，教师可以更精准地把握教学重点和难点，优化教学设计和教学策略，提高备课的科学性和有效性。

教师可以利用在线教学平台的数据分析功能，追踪学生的学习轨迹和成绩变化。例如，通过分析学生的学习时间、学习进度、答题正确率等数据，教师可以了解哪些知识点是学生容易掌握的，哪些知识点是学生难以理解的。根据这些数据，教师可以调整教学内容和教学方法，针对学生的学习难点进行重点讲解和辅导。

此外，教师还可以利用大数据技术进行学情预测。例如，通过分析学生的历史学习数据和当前学习状态，预测他们在未来学习中的可能表现和潜在问题。这样可以帮助教师提前制订相应的教学策略和辅导计划，从而更有目的性地备课，为学生的学习提供有力的支持。

2. 人工智能辅助教学

人工智能在教学中的应用日益广泛，教师也逐渐将人工智能融入备课过程中。例如，智能教学系统可以根据学生的学习情况和反馈意见，自动调整教学内容和难度；智能辅导机器人可以为学生提供个性化的学习建议和辅导服务。

智能教学系统可以根据学生的学习进度和能力水平，为他们推荐相应的学习资源和练习题目。例如，对于学习进度较快的学生，智能教学系统可以为他们推荐一些拓展性的学习资源和难度较高的练习题目；对于学习进度较慢的学生，智能教学系统则可以为他们推荐一些基础性的学习资源和难度较低的练习题目。这样可以帮助学生根据自己的实际情况进行有针对性的学习。

智能辅导机器人则可以为学生提供实时的学习建议和辅导服务。例如，学生在学习过程中遇到难题时，可以向智能辅导机器人提问，智能辅导机器人会根据学生的问题和反馈意见，提供相应的解答和建议。这样可以帮助学生及时解决学习中的困惑，提高学习效率。

3. 虚拟现实技术增强教学体验

虚拟现实技术为高校思政课教学提供了新的教学手段，也丰富了教师的备课内容。通过虚拟现实技术，学生可以身临其境地感受历史事件和社会现象，从而加深对理论知识的理解和记忆。

教师可以利用虚拟现实技术设计一些虚拟教学场景和体验活动。例如，学生可以通过观看模拟的历史事件发生过程，可以身临其境地感受历史的变迁和时代的发展；参观虚拟的红色教育基地，学生可以体验革命先烈的英勇事迹和崇高精神。

此外，教师还可以利用虚拟现实技术进行情景模拟教学。例如，在讲授国际关系的相关内容时，教师可以设计一些虚拟的国际谈判场景，让学生扮演不同的国家代表进行谈判和协商。通过模拟国际谈判场景，学生可以更深入地理解国际关系相关内容的内涵和应用。

（三）坚持全面育人的教学目标

高校思政课不仅传授知识，更承载着立德树人的重要使命。教师在备课过程中应将知识传授、能力培养和价值引领有机结合，制订全面育人的教学目标。

1. 知识传授是基础

知识传授是高校思政课教学的基础任务。教师在备课过程中应注重梳理知识脉络、提炼核心观点、设计教学案例，确保教学内容的准确性和系统性。

梳理知识脉络要求教师深入研读教材内容，准确把握教材的编写意图和教学要求。同时，教师还应将教材内容与其他教学资源结合起来，形成完整的教学体系。例如，教师在备课时可以将教材内容与网络资源、案例素材等结合起来，丰富教学内容和形式。这样可以帮助学生更好地理解和掌握知识内容，形成系统的知识体系。

提炼核心观点则要求教师在备课时要深入分析教材中的核心内容和重点难点。通过深入剖析理论知识的内涵和外延，教师可以帮助学生更好地把握知识要点和理论精髓。同时，教师还可以引导学生对核心观点进行思考和讨论，培养他们的批判性思维和创新能力。

设计教学案例是知识传授的重要手段之一。教师在备课时应选取具有代表性、典型性和时效性的案例素材，并在课堂上引导学生对案例进行深入分析和讨论。

2. 能力培养是关键

能力培养是高校思政课教学的关键任务。教师在备课时应注重培养学生的思维能力、创新能力和实践能力。

培养学生的思维能力要求教师在备课时设计一些开放性、探究性的问题或任务，引导学生主动思考、积极探索。

培养学生的创新能力则要求教师在备课时设计一些互动活动，并在课堂上鼓励学生提出新的观点和想法，让学生勇于尝试新的方法和途径。例如，教师可以组织学生开展社会调查或实践活动，让他们在实践中发现问题、解决问题，并提出新的观点和想法。

培养学生的实践能力则要求教师在备课时注重理论知识与实践活动相结合。例如，教师可以组织学生参加志愿服务活动、社会实践活动等，让他们在实践中锻炼和提高自己的能力。通过实践活动，学生可以更深入地理解理论知识的内涵和应用，增强自己的实践能力和创新精神。

3. 价值引领是核心

价值引领是高校思政课教学的重要任务。教师在备课时应注重挖掘高校思政课程中的育人元素，如践行社会主义核心价值观、弘扬中华优秀传统文化等，通过生动的教学案例和深入的理论讲解，引导学生树立正确的世界观、人生观和价值观。

挖掘高校思政课程中的育人元素要求教师在备课前深入研读教材内容，准确把握教材中的价值导向和育人目标。同时，教师还应在备课时将教材内容与现实生活结合起来，引导学生关注社会热点和时事政治。

通过生动的教学案例和深入的理论讲解引导学生树立正确的世界观、人生观和价值观，要求教师在备课时要注重案例的时效性和多样性。教师还要在课堂上结合学生的实际情况进行有针对性的讲解和引导，帮助他们形成正确的世界观、人生观和价值观。

二、备课内容的精心设计与优化

（一）教学资源的整合与拓展

智慧课堂为高校思政课教学提供了丰富的资源，为教师备课提供了广阔的空间。教师应充分利用这一优势，精心设计与优化备课内容，特别是对教学资源的整合与拓展。

1. 整合教材资源

教材是高校思政课教学的主要依据，教师在备课前需深入研读教材内容，准确理解教材的编写意图和教学要求。在此基础上，教师在备课时应注重将教材内容与其他教学资源有机结合，形成一个既涵盖教材知识点，又融合多种素材的完整教案。

具体来说，整合教材资源要求教师深入挖掘教材中的每一个知识点及其价值，明确其在教学中的地位和作用。同时，教师应积极寻找与教材内容相关的网络资源、案例素材等，将其融入课堂教学中，以丰富教学内容和形式。例如，教师可以引入时事热点、社会现象等案例，使学生能够在具体情境中理解和应用教材知识。

综上所述，整合教材资源是高校思政课教学备课内容设计与优化的重要环节。教师应充分利用智慧课堂提供的丰富资源，深入挖掘教材知识点及其价值，并将教材知识点与其他教学资源进行有机结合，构建多元化的教学体系。同时，教师还应根据教学需求和学生的实际情况，对教材内容进行适当的调整和补充，以提高教学的针对性和时效性。

2. 拓展网络资源

网络资源是高校思政课教学的重要补充。教师应充分利用网络资源，如在线教学平台、电子图书、学术论文等，以获取最新的学术成果、丰富备课内容。

拓展网络资源要求教师具备较强的信息检索和分析能力。例如，教师可以利用搜索引擎、学术论文数据库等工具获取相关的学术资源和教学案例，还可以利用在线教学平台提供的资源库和社区功能与其他教师进行交流和分享。通过拓展网络资源，教师可以获取更多的教学素材和灵感，丰富教学内容和形式。

同时，教师还应注重网络资源的质量。例如，在选取在线教学平台时，教师应选择一些功能完善、内容丰富的平台；在选取学术论文时，教师应选择一些专业性强、质量高的论文。通过确保网络资源的质量，教师可以为学生提供更加优质的教学资源。

3. 精选案例素材

案例素材是高校思政课教学的重要组成部分。教师在备课时应精选一些具有代表性、典型性和时效性的案例素材，并在课堂上通过生动的教学案例引导学生深入思考和理解理论知识。

精选案例素材要求教师具备较强的案例分析和筛选能力。例如，教师可以从新闻网站、学术论文数据库等多种渠道获取案例素材，还可以结合教学需求和学生的实际情况进行筛选和调整。通过精选案例素材，教师可以为学生提供更加贴近实际、具有启发性的教学案例，帮助他们更好地理解和掌握理论知识。

同时，教师在备课时还应注重案例素材的多样性和时效性。例如，教师可以选取不同领域、不同层次的案例素材进行组合和分析，还可以及时更新案例素材，以反映最新的社会热点和时事政治内容。通过确保案例素材的多样性和时效性，教师可以使教学内容更加生动有趣、具有吸引力。

（二）教学内容的精选与重构

面对海量的教学资源，教师在备课时应根据教学目标和学生的实际需求，精选和重构教学内容。

1. 梳理知识脉络

教师在备课时应注重梳理知识脉络，明确教材中各个知识点之间的内在联系和逻辑关系。通过构建知识框架和思维导图等方式，帮助学生更好地理解和掌握知识内容。

梳理知识脉络要求教师深入挖掘教材中各个知识点之间的内在联系。例如，教师可以将教材中的知识点按照逻辑顺序进行排列和组合，还可以利用思维导图等工具将知识点之间的关系进行可视化展示。通过梳理知识脉络，教师可以帮助学生形成系统的知识体系，提高学习效果。

同时，教师在备课时还应注重知识的系统性和连贯性。例如，在讲授某个理论或概念时，教师应将其与其他相关理论或概念进行对比和分析，还可以将理论知识与实践活动结合起来进行讲解和演示。通过确保知识的系统性和连贯性，教师可以使学生更好地理解和掌握理论知识，提高学生的实践应用能力。

2. 提炼核心内容

提炼核心内容要求教师具备深厚的学术功底和敏锐的分析能力。教师在备课时应深入挖掘教材，准确识别并提炼出其中的核心内容。这些核心内容是教材的重点所在，是构建知识体系的基石。在提炼过程中，教师应注重教学内容的概括性和准确性，确保提炼出的核心内容能够全面、准确地反映教材的重点。

提炼出的核心内容应成为课堂教学的重点。教师在备课时应结合教学需求和学生的实际情况，对这些核心内容进行有针对性的讲解设计。通过深入浅出的讲解，帮助学生理解核心内容的内涵和外延，引导他们把握知识要点和理论精髓。同时，教师还应注重启发式教学，引导学生主动思考、积极探索，使他们在学习过程中不断深化对核心内容的理解。

此外，讲解核心内容的过程也是培养学生批判性思维和创新能力的过程。在讲授某个理论或概念时，教师应鼓励学生提出自己的见解和观点，引导他们学会从不同角度、不同层面去分析问题。同时，教师还应在备课时设计讨论和辩论等活动，为学生提供一个展示自己思维能力和表达能力的平台。通过这些活动，学生可以锻炼自己的批判性思维和创新能力，逐步培养独立思考和解决问题的能力。

3. 设计教学案例

教学案例在高校思政课教学中扮演着至关重要的角色，它是连接理论与实践的桥梁，是激发学生思维活力、培养学生实践能力的有效手段。因此，教师在备课时应高度重视教学案例的设计，确保其具备针对性、实用性和启发性。

设计教学案例，首先要求教师具备敏锐的洞察力和深厚的专业功底。教师应从多渠道获取教学案例，如新闻网站、学术论文数据库等，这些教学案例应真实可靠、具有代表性。在筛选教学案例时，教师要紧密结合教学主题和学生的实际需求，确保案例与教学内容紧密契合且能够有效地支撑理论知识的讲解。

除此之外，设计教学案例应注重其实用性和启发性。实用性意味着教学案例应贴近学生的生活实际，能够引发他们的共鸣和思考；启发性则要求教学案例能够激发学生的好奇心和探索欲，能够引导他们深入分析问题、寻找解决方案。通过这样的案例设计，教师可以为学生提供一个更加真实、生动的学习环境，帮助他们在实践中深化对理论知识的理解。

同时，教师在备课时还应关注教学案例的时效性和多样性。时效性要求教学案例涉及社会热点和时事政治，使学生能够紧跟时代步伐，了解社会动态；多样性则体现在教学案例的选取上，教师应选择不同学科、不同层次的教学案例进行组合和分析，以拓宽学生的视野，培养他们的跨学科思维能力。

（三）教学环节的衔接与过渡

智慧课堂的教学环节灵活多样，教师在备课时应注重教学环节的衔接和过渡，确保整个教学过程流畅自然。

1. 设计引人入胜的导入环节

导入环节是高校思政课教学的重要环节之一。一个引人入胜的导入环节能够迅速吸引学生的注意力并激发他们的学习兴趣。

设计引人入胜的导入环节要求教师具备较强的创新能力和想象力。教师可以采用故事导入、问题导入、情境导入等多种方式设计导入环节。例如，教师可以通过讲述一个与课程内容相关的有趣故事或提出一个引人深思的问题来引导学生进入学习状态，或者通过模拟一个与课程内容相关的情境来激发学生的学习兴趣和参与度，还可以设计引人入胜的导入环节，使学生更加积极地参与到学习过程中。

教师还应注重导入环节与后续教学内容的衔接与过渡。例如，在导入环节结束后，教师应自然地过渡到后续的教学内容中，还可以利用导入环节的元素或话题进行后续教学内容的讲解和演示。导入环节与后续教学内容的顺利衔接与过渡，可以使教学过程更加流畅自然。

2. 设计深入浅出的讲解环节

讲解环节是高校思政课教学的重要环节之一。教师在备课时应设计深入浅出的讲解方式帮助学生理解和掌握知识内容。

设计深入浅出的讲解环节要求教师具备较强的表达能力和分析能力。教师在备课时可以通过举例说明、类比推理等方式将抽象的理论知识具体化、形象化，还可以采用分组讨论、角色扮演等方式引导学生积极参与课堂互动和交流。通过设计深入浅出的讲解环节，教师可以使学生更加深入地理解和掌握理论知识。

3. 设计生动有趣的互动环节

互动环节是高校思政课教学的重要环节之一，生动有趣的互动环节能够激发学生的学习兴趣、提高学生的课堂参与度。

设计生动有趣的互动环节要求教师具备较强的创新能力和组织能力。教师在备课时可以采用在线问答、小组讨论、案例分析等多种方式设计互动环节。例如，教师可以通过利用在线教学平台设计一些在线问答题目或小组讨论任务来引导学生积极参与课堂互动和交流，或者组织学生进行案例分析、角色扮演等活动来培养他们的实践能力和创新精神。

教师还应加强对互动环节的引导和反馈。例如，在小组讨论或辩论等活动中，教师应及时给予学生指导和反馈。除此之外，教师还可以利用在线教学平台的功能来追踪学生的学习进度和表现情况。通过加强互动环节的引导和反馈，教师可以更好地了解学生的学习需求和学习困难，并采取相应的措施帮助学生改进学习状况。

4. 设计总结提升的反思环节

总结提升环节是高校思政课教学的重要环节之一。设计总结提升环节能够帮助学生巩固所学知识并提升他们的思维能力和实践能力。

设计总结提升的反思环节要求教师具备较强的总结能力和反思能力。教师在备课时可以设计一些开放性或探究性的问题来引导学生进行深入思考和讨论，还可以组织学生进行自我评价和同伴评价来帮助他们更好地认识自己的优点和不足，并制订相应的改进措施。通过设计总结提升的反思环节，教师可以使学生更加深入地理解所学知识并提升自我反思和总结能力。

教师还应注重总结提升环节与后续教学内容的衔接与过渡。例如，在总结提升环节结束后，教师可以自然地过渡到对后续教学内容的预习中，还可以利用总结提升环节的内容为学生布置课后作业。总结提升环节与后续教学内容的顺利衔接与过渡，可以使教学过程更加流畅自然并提高教学效果。

三、备课方法的创新与实践

智慧课堂强调对信息化教学技术的应用，因此，教师在备课时应熟练运用各种信息化教学工具和方法，如多媒体课件、在线教学平台、虚拟现实技术等。

（一）多媒体课件的制作与应用

多媒体课件是高校思政课教学的重要辅助工具之一。制作和应用多媒体课件能够将抽象的理论知识具体化、形象化，并激发学生的学习兴趣、提高学生的课堂参与度。

多媒体课件的制作要求教师具备较强的多媒体技术应用能力。教师在备课时可以采用声音、图像、视频等多种媒体元素来丰富多媒体课件的内容和形式，还可以根据教学内容和学生的实际需求来设计和调整多媒体课件的结构和布局。通过制作高质量的多媒体课件，教师可以使教学内容更加生动有趣。

同时，教师在备课时还应注重多媒体课件的应用效果，以便在课堂上适时地展示多媒体课件以辅助教学讲解。教师还可以利用多媒体课件设计在线教学或远程教学等活动。通过有效地应用多媒体课件，教师可以提高教学效果并满足学生的多样化学习需求。

（二）在线教学平台的选择与运用

在线教学平台是高校思政课智慧课堂的重要组成部分之一。选择与运用合适的在线教学平台能够实现线上线下混合式教学，并提高教学的灵活性和便捷性。

在线教学平台的选择要求教师具备较强的信息技术能力和筛选能力。教师在备课时可以选择一些功能完善、操作简便的在线教学平台来支持自己的教学工作，还可以根据教学需求和学生的实际情况进行筛选和调整。通过选择合适的在线教学平台，教师可以为学生提供更加便捷、高效的学习支持和服务。

同时，教师在备课时还应注重在线教学平台的运用策略。例如，教师可以利用在线教学平台提供的功能，如在线问答、小组讨论、作业提交等，来实现与学生的互动和交流，还可以利用在线教学平台提供的数据分析工具来跟踪学生的学习进度和表现情况。

（三）虚拟现实技术的应用

虚拟现实技术是提高高校思政课教学实效的重要手段。虚拟现实技术的应用能够让学生身临其境地感受历史事件和社会现象，从而让学生加深对理论知识的理解和记忆。

虚拟现实技术的应用要求教师具备较强的信息技术能力和创新能力。教师在备课时可以选取一些具有代表性、典型性和时效性的历史事件或社会现象来设计虚拟现实教学场景，还可以引导学生通过佩戴虚拟现实头戴显示器设备，进入虚拟现实教学场景进行体验和学习。通过应用虚拟现实技术，教师可以为学生提供更加生动、直观的学习体验，并激发他们的学习兴趣。

第二节　高校思想政治理论课智慧课堂的授课艺术

授课是高校思政课教学过程的核心环节，它不仅是知识传授、培养能力的过程，更是价值引领和情感激发的关键环节。在高校思政课智慧课堂的建设过程中，高校思政课智慧课堂的授课艺术得到了前所未有的发展。互联网、大数据等现代信息技术的广泛应用，为高校思政课提供了丰富的教学资源和灵活的教学手段。本节将深入探讨在智慧课堂环境下高校思政课授课艺术的提升路径，涵盖了授课语言的精准与生动、授课方法的多样与灵活以及授课过程的流畅与自然等方面。此外，本节还将详细介绍智慧课堂技术在高校思政课授课艺术中的应用。

一、授课语言的精准与生动

授课语言是教师与学生之间沟通的桥梁，其精准与生动程度直接影响着教学效果。在智慧课堂授课中，教师应特别注重语言的运用，以激发学生的学习兴趣并提高学生的课堂参与度。

（一）精准表达核心观点的要求

1. 具备扎实的理论功底与学术素养

教师首先应具备扎实的理论功底和深厚的学术素养。教师只有对高校思政课的核心观点和重要思想有准确而深入的理解，才能在授课过程中用简洁明了的语言将其表达出来。这要求教师要深入研读教材和相关学术资料，提炼出关键词汇和核心要点，构建清晰的逻辑框架。例如，在讲述马克思主义基本原理的相关内容时，教师应能够准确使用相关术语和概念，避免产生歧义和误解，确保学生能够快速理解并掌握所学内容。

2. 确保语言的准确性和规范性

授课语言的准确性和规范性是确保教学效果的基础。教师应避免使用模糊、含糊不清的表述，而应使用准确、规范的语言来表达自己的思想和观点。这不仅有助于学生准确理解课程内容，还能培养他们严谨的思维习惯。例如，在讲述中国特色社会主义理论体系时，教师应使用准确、规范的语言并按照历史发展脉络逐步展开，确保学生理解其形成背景、发展历程和主要内容。

3. 确保语言的条理性和逻辑性

条理性和逻辑性是授课语言的重要特征。教师应按照逻辑顺序逐步展开教学内容，使学生能够清晰地理解各个知识点之间的内在联系和逻辑关系。例如，在讲述中国特色社会主义理论体系时，教师可以通过按照时间线或进行主题分类，将各个理论观点有机地串联起来，帮助学生构建完整的知识体系。同时，在讲述具体问题时，教师应注重对因果分析、对比分析等逻辑方法的应用，使学生能够从更深层次上理解问题的本质。

（二）生动描绘教学情境的要求

生动的教学情境能够激发学生的学习兴趣、提高学生的课堂参与度，能使抽象的理论知识变得形象生动、易于理解。

1. 运用修辞手法

比喻、拟人、排比等修辞手法是增强语言生动性的有效手段。例如，在讲述经济基础决定上层建筑这一原理时，教师可以将经济基础和上层建筑比喻为大树的根与叶，即经济基础是根，上层建筑是叶，只有根深才能叶茂。这样的比喻既形象又生动，能够帮助学生更好地理解这一原理。

2. 结合实际案例

时事政治、社会热点等实际案例是连接理论与实践的桥梁。结合这些实际案例，教师可以将抽象的理论知识与具体的生活实践结合起来，提高教学的针对性和实效性。例如，在讲述以人民为中心的发展思想时，教师可以结合当前的脱贫攻坚战等社会热点进行分析和讨论，使学生能够更加深刻地理解这一思想的重要性和实践意义。同时，这些实际案例也能引发学生的共鸣，促进他们对社会问题的关注和思考。

3. 增强授课语言的情感色彩与感染力

授课语言的情感色彩和感染力是激发学生情感共鸣的重要手段。教师应注重用真挚的情感表达对学生的关爱和期望，通过讲述感人至深的故事和案例来激发学生的情感共鸣和思考。例如，在讲述革命先烈的英勇事迹时，教师可以用充满激情的语言来描绘他们的英勇形象和崇高精神，以激发学生的爱国情感和民族自豪感。同时，教师还应关注学生的情感需求和心理变化，用温暖和鼓励的话语来激励他们积极进取、奋发向上。

（三）加深语言情感色彩的要求

高校思政课不仅传授知识，更承载着情感熏陶和价值引领的重要使命。在授课过程中，教师应注重语言的情感色彩，用真挚的情感表达对学生的关爱和期望。

1. 与学生的情感交流

情感交流是建立良好师生关系的基础。教师应注重与学生的情感交流，及时用肯定和鼓励的话语来激发他们的学习热情和信心。例如，在发现学生学习动力不足时，教师可以通过讲述自己的成长经历和心路历程来激励他们，让他们重拾信心、充满动力。这种情感交流不仅能够增强学生的学习动力，还能促进他们形成积极的世界观、人生观和价值观。

2. 用真挚的情感表达关爱和期望

真挚的情感表达是激发学生情感共鸣的关键。教师可以通过讲述自己的亲身经历和感受来拉近与学生的距离，使他们能够更加深刻地感受到教师的真挚情感。例如，在讲述世界观、人生观和价值观的内容时，教师可以结合自己的故事来阐述自己的思想观点和情感态度，帮助学生更好地理解并接受这些观点。同时，教师还可以通过分享一些感人至深的故事和案例来激发学生的情感共鸣。

3. 激发学生的情感共鸣

激发学生的情感共鸣是高校思政课的重要目标之一。教师可以通过有感染力的语言、生动的故事和案例来激发学生的情感共鸣。例如，在讲述社会热点事件时，教师可以通过分析事件背后的社会问题和人性光辉来激发学生的社会责任感和正义感。这种情感共鸣不仅能够加深学生对课程内容的理解，还能促进他们形成正确的世界观、人生观和价值观。

二、授课方法的多样性与灵活性

授课方法是实现教学目标的重要手段。在智慧课堂背景下，教师应注重授课方法的多样性和灵活性，以适应不同学生的学习需求和认知水平。教师可以运用启发式、案例式、互动式等教学方法，提高他们的思维能力和实践能力。

（一）启发式教学方法的应用

启发式教学方法强调学生的主体地位和主动性，通过提问、讨论、引导等方式激发学生的学习兴趣和求知欲。

1. 提问的艺术

提问作为启发式教学方法的核心手段，其设计与实施需兼具针对性与启发性。教师应避免提出过于浅显或过于晦涩的问题，而应精心构思那些既能触动学生思考，又能引导他们深入探索的问题。在讲授马克思主义基本原理的相关内容时，教师可提出如"生产力与生产关系的辩证关系"等深度问题，引发学生的深入思考。针对社会热点事件，教师可提出一系列相关的现实问题，引导学生关注社会、思考解决方案。同时，教师需对学生的回答给予及时、具体的反馈，肯定其思考价值，纠正其理解偏差，助力学生深化理解。

2. 讨论与交流

讨论与交流是启发式教学方法不可或缺的一环，它促进了学生的思想碰撞与观点交流，是培养学生创新思维的重要途径。教师应精心组织小组讨论与全班交流，并确保讨论围绕主题展开。在讨论中国特色社会主义理论体系时，教师可设定具体议题，如"习近平新时代中国特色社会主义思想的内涵"等，引导学生各抒己见。对于社会热点事件，教师可组织辩论或圆桌讨论，让学生在交锋与融合中深化认识。教师的角色在于引导讨论方向、点评学生发言、提炼共识，从而促进知识内化。

3. 引导式讲解

引导式讲解是启发式教学方法的关键。教师应以生动、条理清晰的语言，逐步引导学生理解并掌握知识点间的内在联系与逻辑关系。在讲解复杂理论时，教师应采取层层递进的方式，先概述理论框架，再逐步深入细节。例如，在讲解剩余价值理论时，教师可先从劳动价值论入手，再探讨剩余价值的产生与分配。在进行案例分析时，教师应先介绍案例背景，再提出问题，最后引导学生分析原因、探讨解决方案。例如，在分析金融危机案例时，教师应先阐述金融危机的一般特征，再探讨具体案例的成因与应对措施。教师还需根据学生的反馈及时调整讲解策略，确保教学效果最大化。

（二）案例式教学方法的实践

案例式教学方法是一种将理论知识与实际案例进行结合的教学方法，通过选取典型案例、分析案例背景和问题、解决案例问题等方式使学生更好地理解和掌握理论知识。

1. 选取典型案例

选取典型案例是案例式教学方法的基础和前提。教师选取具有代表性和典型性的案例来进行分析和讨论，可以使学生更好地理解和掌握理论知识。在选取典型案例时，教师应注重案例的时效性和针对性，避免选取过时或无关紧要的案例。例如，在讲述中国特色社会主义理论体系时，教师可以选取一些具有代表性的政策文件和领导讲话作为案例来进行分析和讨论；在讲述社会热点事件时，教师可以选取一些具有广泛影响力和现实意义的事件作为案例来进行分析和讨论。同时，教师还应注重案例的多样性和丰富性，以满足不同学生的学习需求。

2. 分析案例背景和问题

分析案例背景和问题是案例式教学方法的重要环节。深入分析案例背景和问题可以使学生更好地理解和掌握案例所蕴含的理论知识和实践意义。在分析案例背景和问题时，教师应注重引导学生关注案例中的关键信息和细节问题，帮助他们更好地理解案例所反映的社会现象和问题本质。同时，教师还应注重引导学生运用所学知识来分析和解决问题，提高学生的实践能力和解决问题的能力。例如，在讲述某个法律案例时，教师可以引导学生关注与案例相关的法律条款和事实依据等方面的问题；在讲述某个经济案例时，教师可以引导学生关注案例中的经济数据和政策环境等方面的问题。

3. 解决案例问题

解决案例问题是案例式教学方法的目标之一。教师引导学生将所学知识运用到实际生活中，可以检验学生的学习效果和实践能力。在实践过程中，教师应注重引导学生关注社会现象和问题本质，帮助他们更好地理解和掌握所学知识，并将其运用到实际生活中。例如，在讲述法律知识时，教师可以组织学生参与模拟法庭活动来检验他们的法律素养和实践能力；在讲述环境保护知识时，教师可以组织学生参与环保志愿活动，检验他们的环保意识。同时，教师还应对学生的实践过程进行指导和反馈，帮助他们不断提高自己的实践能力和解决问题的能力。

（三）互动式教学方法的探索

互动式教学方法强调师生之间的交流和互动，通过组织小组讨论活动、开展角色扮演活动、组织辩论活动等方式促进师生之间的交流和互动。

1. 组织小组讨论活动

小组讨论活动不仅是信息交换的平台，更是创意的孵化器。教师在组织小组讨论活动时，应首先明确讨论活动的主题与核心，确保讨论活动具有针对性与目的性。为引导学生深入思考，教师可提前分发相关材料或设置引导性问题，激发学生的好奇心与探索欲。在讨论过程中，教师应扮演观察者、引导者与反馈者的角色，适时介入，引导学生围绕主题展开讨论，避免讨论活动偏离主题。讨论活动结束后，教师应进行系统总结，提炼讨论要点，纠正可能存在的理解偏差，同时鼓励学生提出新的问题与思考，为后续学习奠定基础。

2. 开展角色扮演活动

角色扮演活动通过模拟真实或假设的情境，使学生身临其境，从而加深对知识内容的理解与应用。教师应根据教学内容精心设计角色设定与剧情发展，确保角色扮演活动既贴近教学主题，又能激发学生的参与热情。在准备阶段，教师应指导学生研究角色背景、性格特点与行为逻辑，帮助学生构建角色认知框架。在表演过程中，教师应鼓励学生发挥创意，灵活应对情境变化，并适时提供反馈，指导学生如何更贴切地体现角色特征；同时，观察学生在模拟情境中的决策过程与问题解决策略，为后续的教学评价提供依据。

3. 组织辩论活动

辩论活动作为一种高级的思维训练方式，不仅能够锻炼学生的逻辑推理与口头表达能力，还能培养其批判性思维与团队协作精神。教师在组织辩论活动前，需精心选择具有争议性且与教学内容紧密相关的辩题，确保辩论活动既有深度又具吸引力。准备阶段，教师应指导学生如何收集资料、构建论点、反驳对方观点等，同时强调辩论伦理，如尊重对手、理性表达等。在辩论过程中，教师应作为裁判维持秩序，确保辩论活动的公平性与有效性，同时注意观察学生的论证过程、反驳技巧及团队协作表现，并为其提供个性化的指导与建议。在辩论活动结束后，教师应进行总结点评，强调辩论活动中基础知识、思维方法及团队合作的重要性，鼓励学生将辩论活动中的收获应用到日常学习与生活中。

三、授课过程的流畅与自然

授课过程的流畅与自然程度直接影响着教学效果和学生的学习体验。在智慧课堂的授课过程中，教师应精心设计导入环节、注重教学环节的衔接与过渡及灵活应对课堂突发情况等，以确保授课过程的流畅与自然。

（一）精心设计导入环节

导入环节是授课过程的起点和关键。一个引人入胜的导入环节可以吸引学生的注意力并激发他们的学习兴趣。

1. 运用引人入胜的故事导入新课

故事是吸引学生注意力的有效手段。教师通过讲述一个引人入胜的故事来导入新课，可以使学生产生共鸣并激发他们的学习兴趣。在选择故事时，教师应注重故事的时效性和针对性，避免选择过时或无关紧要的故事。对于中国特色社会主义理论体系的讲述，教师可以精选具有标志性的事件和人物故事，如改革开放的历程、重要领导人的决策智慧等，让学生通过这些故事了解中国特色社会主义理论体系形成的背景和意义。对于社会热点事件的讲解，教师可选取那些具有广泛社会影响力、能引发公众共鸣的事件，通过故事的叙述，引导学生关注社会现象，思考其背后的原因和影响。教师对故事的讲述应注重情节的紧凑性和语言的感染力，以确保学生能够全身心投入并产生共鸣，从而激发他们对新课内容的学习兴趣。

2. 提出富有启发性的问题导入新课

问题是激发学生思考的有效手段。教师通过提出富有启发性的问题来导入新课，可以引导学生主动思考和探索新知识。对于马克思主义基本原理的教学，教师可以提出一个具有一定深度的问题，如“马克思主义关于人的全面发展理论在现代社会的意义”等，这样的问题既能挑战学生的思维，又能引导他们深入探究相关理论的内涵。对于社会热点事件的讨论，教师则可以提出一个贴近现实、具有针对性的问题，如“如何看待当前社会中的数字鸿沟现象”等，这样的问题能够引导学生关注社会问题、思考可能的解决方案，从而培养他们的社会责任感和批判性思维。

3. 运用多媒体教学手段辅助导入环节

多媒体教学手段可以提供更加直观、生动的视觉和听觉效果，有助于吸引学生的注意力并激发他们的学习兴趣。在运用多媒体教学手段时，教师应注重多媒体内容的针对性和趣味性，避免让无关紧要的元素干扰学生的注意力。例如，在讲述历史事件时，教师可以利用多媒体展示相关图片和视频资料等来辅助导入环节；对于社会热点事件的讨论，教师则可以展示相关的新闻报道、专家评论等，让学生从多角度了解事件全貌，形成自己的见解。多媒体内容的选择应注重与课程内容的紧密相关性和趣味性，避免无关信息的干扰，确保学生能够专注于核心内容，从而提高教学效果、增强学生的学习体验。

（二）注重教学环节的衔接与过渡

教学环节的顺利衔接与过渡是授课过程顺畅进行的重要保障。教师应设计合理的过渡语、运用恰当的衔接方式等，使教学内容更加连贯有序、易于理解。

1. 设计合理的过渡语衔接教学环节

过渡语是衔接各个教学环节的桥梁和纽带。合理的过渡语可以使教学内容更加连贯。在设计过渡语时，教师应注重语言的简洁明了和逻辑清晰，避免使用冗长或含糊不清的表述。例如，在从上一个教学环节过渡到下一个教学环节时，教师可以运用一些承上启下的过渡语来引导学生的思路；在从一个知识点过渡到另一个知识点时，教师可以运用一些衔接紧密的过渡语来帮助学生理解和掌握所学内容。同时，教师还应注重过渡语的针对性和趣味性，以吸引学生的注意力并激发他们的学习兴趣。

2. 运用恰当的衔接方式衔接教学环节

运用恰当的衔接方式是衔接各个教学环节的重要手段之一。恰当的衔接方式可以使教学过程更有条理。在运用衔接方式时，教师应注重衔接方式的多样性和灵活性，避免运用单一或呆板的衔接方式。例如，在从理论讲解过渡到案例分析时，教师可以运用一些引导性的语言来引导学生关注案例背景和问题；在从案例分析过渡到实践操作时，教师可以运用一些示范性的操作来帮助学生理解和掌握实践操作技能和方法。

3. 反思和总结授课过程

反思和总结是提升授课效果的重要手段。对整个授课过程进行反思和总结，可以帮助教师发现存在的问题和不足，并及时进行改进和调整以提高教学效果。在进行反思和总结时，教师应注重客观性和全面性，避免采用主观或片面的评价和分析方式。例如，在授课结束后，教师可以组织学生进行反馈和评价以了解他们的学习体验和感受；同时，教师还可以对自己的授课过程进行反思和总结，以发现存在的问题和不足并及时进行改进和调整。通过反思和总结授课过程，教师可以不断提高自己的教学水平和能力，从而推动学生的学业进步。

（三）灵活应对课堂突发情况

教师在授课过程中难免会遇到一些课堂突发情况，这些课堂突发情况可能会干扰正常的教学秩序并影响学生的学习体验。因此，教师应注重培养自己的应变能力和处理课堂突发情况的能力，以确保授课过程的顺畅进行。

1. 保持冷静和沉着

在遇到课堂突发情况时，教师应保持冷静和沉着，以稳定学生的情绪和维护良好的课堂秩序。同时，教师还应迅速判断问题的性质和严重程度，以采取相应的处理措施。例如，在遇到学生扰乱课堂秩序时，教师可以先通过眼神交流或轻声提醒等方式来制止学生的不当行为；当问题较为严重或持续存在时，教师可以采取更加严厉的措施来维护课堂秩序和纪律。教师在应对课堂突发情况时保持冷静和沉着，可以有效维护课堂秩序和纪律，确保授课过程顺畅进行。

2. 运用智慧和策略

在处理课堂突发情况时，教师应注重运用智慧和策略化解危机并维护良好的课堂秩序。例如，在遇到学生对某个知识点产生疑问或困惑的情况时，教师可以通过提问、引导、讨论等方式来帮助学生解决疑问和困惑；在遇到学生对某个观点产生分歧或争议的情况时，教师可以通过组织辩论等方式来促进学生的思想碰撞和观点交流，并引导他们达成共识。

3. 反思和总结经验教训

进行反思和总结是提升应变能力的重要手段。对处理课堂突发情况的经验教训进行反思和总结，可以帮助教师积累宝贵的经验并提高自己的应变能力。在进行反思和总结时，教师应注重客观性和全面性，避免使用主观或片面的评价和分析方式。例如，在授课结束后，教师可以对本次授课过程中遇到的课堂突发情况进行回顾和分析，并制订相应的预防和改进措施，以避免类似问题的再次发生。通过反思和总结，教师可以不断提高自己的应变能力和处理课堂突发情况的能力。

四、智慧课堂技术在高校思政课授课艺术中的应用

智慧课堂技术为高校思政课授课艺术提供了强有力的支持。通过运用现代信息技术手段，教师可以更加灵活地设计教学过程、丰富教学内容、提高教学效果。下面将探讨智慧课堂技术在授课艺术中的应用。

（一）利用大数据技术分析学情

大数据技术可以帮助教师更加全面地了解学生的学习情况和需求。通过收集和分析学生的学习数据，教师可以了解学生的学习进度、知识掌握程度和兴趣点

等，为教学设计提供更加精准的依据。例如，教师可以利用在线学习平台收集学生的学习数据，包括学习时长、作业完成情况、测试成绩等方面的数据。通过对这些数据进行分析，教师可以了解学生的学习情况，从而有针对性地调整教学内容和教学方法。

同时，大数据技术还可以帮助教师发现学生在学习中的问题和困难。通过对学习数据的深入挖掘和分析，教师可以发现学生在学习过程中遇到的共性或个性问题，并有针对性地提供指导和帮助。例如，如果学生的学习数据反映出学生对某个知识点的掌握程度较低，教师就可以通过组织专题讲解、提供额外学习资源等方式，帮助学生弥补知识漏洞。这种基于大数据技术的个性化教学不仅可以提高教学效果，还可以增强学生的学习动力和自信心。

（二）运用虚拟现实技术增强教学体验

虚拟现实技术可以为师生提供更加真实、生动的教学体验。通过模拟真实场景或历史事件等方式，虚拟现实技术可以使学生身临其境地感受教学内容。例如，在讲述某一历史事件时，教师可以利用虚拟现实技术模拟当时的历史场景，让学生仿佛置身于那个时代，感受到历史的厚重和沧桑。这种身临其境的体验不仅可以加深学生对历史事件的理解和记忆，还可以激发他们的学习兴趣。

此外，虚拟现实技术还可以用于模拟社会实践。例如，在讲述某一社会实践时，教师可以利用虚拟现实技术模拟社会场景和人际关系等方面的内容，帮助学生更好地理解和掌握社会实践的方法和技巧。

（三）利用在线学习平台促进自主学习

在线学习平台可以为学生提供更加便捷、灵活的自主学习方式。通过在线学习平台，学生可以随时随地利用学习资源进行自主学习。这种自主学习不仅可以提高学生的自主学习能力和自我管理能力，还可以满足他们个性化的学习需求。例如，学生可以根据自己的兴趣和需求选择适合自己的学习资源和课程，还可以根据自己的时间安排和学习进度开展灵活的学习活动。

在线学习平台可以为教师提供更加便捷、高效的教学管理方式。通过在线学习平台，教师可以随时了解学生的学习情况，并及时给予指导和反馈。

第三节　高校思想政治理论课智慧课堂的组织管理艺术

高校思政课智慧课堂的组织管理是确保高校思政课教学顺利进行的关键。在信息技术快速发展的今天，高校思政课智慧课堂的组织管理工作正面临着前所未有的挑战与机遇。本节将深入探讨高校思政课智慧课堂的组织管理艺术，以期为提升高校思政课的教学质量提供有益参考。

一、组织架构的合理构建

在信息化浪潮的推动下，高校思政课智慧课堂的组织架构成为高校思政课教学工作高效运行的关键。为了提高高校思政课的教学质量，高校应构建合理的组织架构，并明确各级教学管理人员和教师的职责。

（一）明确组织架构，细化职责分工

高校思政课智慧课堂的组织架构应涵盖教学管理部门、技术支持部门、教学资源开发部门等核心版块，以确保高校思政课教学工作的全面覆盖和系统推进。

教学管理部门作为教学的指挥中心，负责制定具有前瞻性和可操作性的教学计划，明确教学目标、教学内容、教学方法和教学评价方式；同时，负责建立教学质量监控与评价机制，通过定期检查、收集学生反馈、评价教学效果，确保教学质量的稳步提升。此外，教学管理部门还负责定期组织教师培训，以提升教师的专业素养和教学能力，并促进教师的个人成长和职业发展。

技术支持部门则是高校思政课智慧课堂的坚强后盾，负责研发适合高校思政课教学的信息化工具，如在线教学平台等，并进行定期维护和升级；同时，负责加强网络安全防护，确保教学数据的安全性和保密性，为高校思政课智慧课堂的平稳运行提供有力保障。

教学资源开发部门则负责广泛收集高校思政课教学资源，如教材、课件、视频等，并进行整理和分类；同时，负责根据教学需求和技术发展，不断更新和优化教学资源，为教师和学生提供丰富多样的学习材料。

细化各部门的职责分工可以确保高校思政课教学工作的有序进行，提高高校思政课教学工作的效率和质量。高校还应加强对教学管理人员的培训和管理，提

高他们的专业素养和管理能力，为高校思政课智慧课堂的顺利运行提供有力的人才支撑。

（二）建立跨部门协作机制，形成高校思政课教学工作合力

高校思政课智慧课堂的组织管理涉及多个部门和学科领域，需要各部门紧密协作，共同推动高校思政课教学工作的顺利开展。为此，高校应定期召开联席会议，邀请相关部门负责人参加，共同研讨教学问题、分享经验、协调解决困难。各部门应从各自的角度出发，提出解决方案，并形成综合性方案以满足教学需求。通过建立跨部门协作机制，高校可以形成高校思政课教学工作合力，共同推动高校思政课智慧课堂组织管理工作的顺利进行。

（三）强化信息化支撑体系，助力高校思政课智慧课堂腾飞

为了支撑高校思政课智慧课堂的高效运行，高校应完善信息化基础设施，加大资金投入力度，不断完善网络设施、服务器设备等，确保信息化教学工具的稳定运行和数据的安全存储。同时，高校应加强信息化平台建设，打造功能完善、易于使用的在线教学平台，并注重用户体验和交互性，定期更新和优化在线教学平台的功能。此外，高校还应引入先进网络安全技术，建立网络安全管理制度，确保教学数据的安全性和保密性，为高校思政课智慧课堂的平稳运行提供坚实的保障。

二、教学过程的精细化管理

教学过程的精细化管理是高校思政课教学工作顺利进行的重要保障。

（一）制订详细的教学计划

教学计划是高校思政课教学的蓝图，是教师组织教学活动、实现教学目标的重要依据。制订详细的教学计划，不仅能够确保教学过程的系统性和连贯性，还能有效提升教学质量和效果。以下将从明确教学目标、合理安排教学内容、选择适当的教学方法，以及采用科学的评价方式 4 个方面，详细阐述如何制定详细的教学计划。

1. 明确教学目标

教学目标是教学活动的出发点和归宿，它指引着整个教学过程的方向。制订教学计划时，教师应首先明确教学目标，确保教学目标既符合学校整体的教育目标，又贴近学生的实际需求和认知水平。

（1）与学校目标相契合

教师应深入理解学校的教育理念和总体目标，并将这些理念和目标融入教学计划中。例如，如果学校强调培养学生的创新能力和实践能力，教师在制定教学计划时，就应设计能够培养学生创新思维和实践能力的教学活动。

（2）结合学生的实际情况

教学目标的制定还需充分考虑学生的实际情况，包括他们的年龄、兴趣、认知水平及学习需求等。教师可通过问卷调查、个别访谈等方式，了解学生的具体情况，确保教学目标的针对性和可行性。例如，对于大一新生，教师可以设定一些基础性的教学目标，如掌握高校思政课知识的基本概念和理论框架；而对于高年级学生，教师则可以设定更高层次的目标，如运用所学知识分析社会现象、解决实际问题等。

（3）具体、可操作

教学目标应具体、可操作。教师应将宏观的教学目标细化为具体的教学任务，以便在教学过程中能够清晰地把握教学进度和效果。例如，对于培养学生的批判性思维能力这一目标，教师可以将其细化为“通过小组讨论活动，学生能够针对特定问题提出不同观点并进行批判性分析”等。

2. 合理安排教学内容

教学内容是教学计划的关键部分，它直接关系到学生能否获得全面、系统的知识。教师应根据教学目标和学生的实际情况，合理安排教学内容，确保教学内容的系统性和连贯性；还应引入新的理论成果和实践经验。

（1）教学内容的系统性和连贯性

教学内容应具有系统性和连贯性，能够帮助学生构建完整的知识体系。教师应根据高校思政课的学科特点和教学要求，将教学内容划分为不同的章节和单元，每个章节和单元之间应有清晰的逻辑关系。例如，在讲解马克思主义基本原理时，教师可以按照历史唯物主义、辩证唯物主义等逻辑顺序进行安排，确保学生能够逐步深入理解马克思主义基本原理的内容。

（2）引入新的理论成果和实践经验

高校思政课作为一门与时俱进的学科，其教学内容应不断更新和完善。教师应密切关注学术前沿动态和实践的发展变化，及时将新的理论成果和实践经验引入教学内容。例如，在讲解中国特色社会主义理论体系时，教师可以引入最新的政策文件、领导讲话及社会热点问题等内容，使教学内容更加贴近时代、贴近生活。

（3）关注学生的兴趣和需求

在安排教学内容时，教师还应关注学生的兴趣和需求，通过引入一些学生感兴趣的话题和案例，激发学生的学习兴趣和积极性。例如，在讲解国际关系时，教师可以结合当前的国际形势和热点问题，如全球气候变化等，引导学生进行深入思考和讨论。

3. 选择适当的教学方法

选择适当的教学方法是实现教学目标的重要手段。教师应根据教学内容和学生的实际情况，选择多样化的教学方法，因材施教，并不断积极探索新的教学模式。

（1）多样化教学方法

教师应采用多样化的教学方法，如讲授法、讨论法、案例分析法、角色扮演法等，以激发学生的学习兴趣和积极性。例如，在讲解复杂理论时，教师可以采用讲授法，通过系统的讲解和阐述，帮助学生理解理论的基本框架和核心内容；在讨论社会热点问题时，教师可以采用讨论法，引导学生围绕问题进行深入交流和探讨，培养他们的批判性思维和表达能力。

（2）因材施教

教师应关注学生的个体差异，因材施教。不同学生的学习需求和认知水平各不相同，教师应根据学生的实际情况，采用个性化的教学方法和教学手段。例如，对于学习基础较弱的学生，教师可以采用更加详细、耐心的讲解方式，帮助他们逐步掌握基础知识；对于学习能力较强的学生，教师可以引导他们进行更深入的思考和探讨，培养他们的创新思维和实践能力。

（3）探索新的教学模式

教师应积极探索和应用新的教学模式，如混合式教学模式、翻转课堂教学模式等，以提高教学效率。例如，利用混合式教学模式，教师可以结合线上和线下的教学资源，为学生提供更加丰富的学习体验；利用翻转课堂教学模式，教师可以让学生在课前自主学习基础知识，然后在课堂上进行深入的讨论和互动。

4. 采用科学的评价方式

采用科学的评价方式是检验教学效果的重要手段。教师应采用科学的评价方式，全面、客观、准确地评价学生的学习成果，为学生提供有针对性的指导和帮助。

（1）多元化评价方式

教师应采用多元化的评价方式，如课堂观察、作业批改、考试测试、项目评价等，以全面反映学生的学习情况和能力水平。例如，利用课堂观察，教师可以了解学生的学习态度、课堂参与度及思维活跃度等；利用作业批改，教师可以评价学生的作业质量、知识掌握程度等；利用考试测试，教师可以检验学生对知识点的掌握程度和知识运用能力；利用项目评价，教师可以评价学生的团队协作能力、实践能力和创新精神等。

（2）过程性评价与终结性评价相结合

过程性评价关注学生的学习过程和能力发展情况，终结性评价则关注学生的学习成果和学业成就。教师应注重过程性评价与终结性评价相结合，以全面、客观地评价学生的学习情况。例如，在过程性评价中，教师可以通过课堂观察、作业批改等方式，及时了解学生的学习动态和进步情况；在终结性评价中，教师可以通过考试测试、项目评价等方式，全面检验学生的学习成果和学业成就。

（3）反馈与指导

教师应将评价结果及时反馈给学生，以便他们了解自己的学习情况，并进行相应的调整和改进。教师应根据评价结果，为学生提供有针对性的指导和帮助，帮助他们明确改进方向和目标。

（二）加强教学质量监控与评价

加强教学质量监控与评价是确保高校思政课教学质量和效果的重要保障。为了全面、客观地了解教学情况，高校应引入多元化的评价方式和手段、建立健全的教学质量反馈机制，并加强对教学质量的持续改进。

1. 引入多元化的评价方式和手段

（1）课堂观察

课堂观察是评价教学质量的一种直观且有效的方法。通过课堂观察，高校可以直观地了解教师的教学态度、教学方法、课堂管理以及学生的课堂参与度、学习状态等情况。高校可以组织教学督导团或同行教师进行教学观摩，对高校思政课的教学过程进行全面、细致的观察和记录。这些记录可以作为评价教学质量的重要依据，帮助教师了解自己的教学优点和不足，以便进行有针对性的改进。

（2）学生评价

学生是教学活动的直接参与者，他们的评价对于反映教学质量具有重要意义。高校可以通过问卷调查、在线评价等方式，收集学生对高校思政课教学的反馈意见。问卷内容可以涵盖教师的教学态度、教学方法、教学内容、课堂互动等多个方面，以全面了解学生对高校思政课教学的满意度和改进建议。同时，高校还可以设置匿名评价功能，鼓励学生真实、客观地表达自己的意见和看法，确保评价结果的公正性和准确性。

（3）同行评价

同行评价是评价教学质量的重要方式。高校通过邀请同行教师或专家对高校思政课的教学过程进行评价，可以获得专业的改进建议。同行评价可以采用听课、评课、研讨等多种形式进行，旨在促进教师之间的交流与合作，共同提高教学质量。高校可以定期组织高校思政课教师进行教学研讨和互评活动，分享教学经验，探讨教学问题，形成互帮互助的良好氛围。

（4）大数据技术和人工智能技术

大数据技术和人工智能技术在教学质量监控与评价中的应用日益广泛。高校可以利用这些技术，对学生的学习数据、教师的教学数据等进行深度挖掘和分析，以发现教学过程中的问题和规律。例如，通过分析学生的学习行为数据，高校可以了解学生的学习习惯、兴趣点及学习困难，为教师提供个性化的教学建议；通过分析教师的教学数据，高校可以评估教师的教学效果、教学方法及课堂管理等方面的情况，为教师提供有针对性的改进建议。

2. 建立健全的教学质量反馈机制

为了确保评价结果的及时反馈和有效利用，高校应建立健全的教学质量反馈机制。这包括建立教学反馈系统、定期召开教学反馈会议等措施。

（1）建立教学反馈系统

高校应建立教学反馈系统，以方便学生、教师和管理人员随时提交和查看教学反馈意见。教学反馈系统应具备用户友好、操作简便的特点，能够支持多种反馈形式，如文字、图片、视频等。同时，教学反馈系统还应具备数据分析功能，能够对反馈数据进行深入挖掘和分析，为教学改进提供有力支持。

（2）定期召开教学反馈会议

高校应定期召开教学反馈会议，并邀请学生代表、教师代表及管理人员参加。在会议上，相关人员可以分享教学反馈意见，讨论教学改进方案，形成共识并付诸行动。教学反馈会议应成为师生交流的重要平台，促进教师与学生的相互理解和信任，共同推动教学质量的提升。

3. 加强对教学质量的持续改进

根据评价结果和反馈意见，高校应及时调整教学策略和方法，加强对教学质量的持续改进。

（1）分析评价结果和反馈意见

高校应对收集到的评价结果和反馈意见进行深入分析，找出教学中存在的问题和不足。例如，通过分析学生的学习数据，高校可以发现学生在学习过程中的难点和疑点；通过分析教师的教学数据，高校可以评估教师的教学效果和方法。同时，高校还应关注学生对教学的满意度和改进建议，并将这些信息作为教学改进的重要依据。

（2）制订改进计划并付诸行动

在分析问题的基础上，高校应制订具体的改进计划，并明确责任人和时间节点。改进计划应涵盖教学内容、教学方法、课堂管理等多个方面，确保改进措施的针对性和有效性。同时，高校还应加强对改进计划的跟踪和评价，确保改进计划得到有效实施并取得预期效果。例如，针对学生在学习过程中遇到的难点和疑点，教师可以调整教学内容和教学方法，采用更加生动有趣的教学方式；针对学生对教学的满意度较低等问题，教师可以加强与学生的沟通和互动，提高教学效果和学生的满意度。

（三）注重学生的个性化发展

注重学生的个性化发展是提升教学质量和效果的重要途径。高校应关注学生的个体差异，提供定制化的教学服务，促进学生的全面发展。

1. 关注学生的个体差异

每个学生都是独一无二的个体，他们在学习能力、兴趣爱好、思维方式等方面会存在一定的差异。高校应运用大数据技术等，了解学生的学习特点和兴趣爱好，为个性化教学提供有力支持。

（1）全面收集与深入分析学生的学习数据

高校应通过多元化的渠道，如在线学习平台、定期问卷调查等，系统地收集学生的学习数据。这些学习数据应涵盖学习时间、作业完成情况及在线互动频率等。通过对这些学习数据的细致分析，教师可以了解学生的学习习惯、学习效率及潜在的学习障碍。

具体而言，对学习时间数据的分析能够揭示学生的日常学习规律，帮助教师识别出高效和低效的学习时段，进而提供有针对性的时间管理建议。作业完成情况的数据则直接反映了学生的学习能力和知识掌握程度，为教师调整教学难度和进度提供了依据。同时，在线互动频率数据能够反映学生的课堂参与度和合作倾向，有助于教师营造更加活跃、包容的课堂氛围。

（2）深入挖掘并融合学生的兴趣爱好

除了客观的学习数据，高校还应高度重视学生的主观兴趣爱好，通过问卷调查、个别访谈及课堂观察等手段，深入了解学生的兴趣点和关注点。这些兴趣点和关注点可能源自学生的个人经历、社会热点或流行文化等多个方面。

在获取这些信息后，教师应创造性地将其融入教学内容中，使课堂更加生动有趣，更加贴近学生的实际生活。以马克思主义基本原理的教学为例，教师可以引入学生感兴趣的社会现象、热门话题或文化元素，通过案例分析、讨论、辩论等形式，激发学生的学习兴趣和积极性。这样不仅能够提高学生的课堂参与度，还能够促进他们对理论知识的深入理解和灵活应用。

2. 提供定制化的教学服务

根据学生的个体差异和兴趣爱好，高校应提供定制化的教学服务，以确保学生获得适合其个人特点的学习体验，从而充分满足他们的多元化学习需求。

（1）构建个性化的习题与作业体系

为了有效适应不同学生的学习进度和能力水平，高校应当构建个性化的习题与作业体系。对于学习基础相对薄弱的学生，教师可以设计一系列基础性的习题与作业，这些习题与作业应侧重于巩固知识的核心概念和基本技能，帮助学生打牢学习基础；同时，为了激发学生的学习兴趣，教师可以在习题与作业中融入趣味性的元素，使学习过程更加生动有趣。对于学习能力较强的学生，教师则应提供更具挑战性和拓展性的习题与作业。这些习题与作业可以引导学生深入探索学科前沿，鼓励他们运用所学知识解决实际问题，从而培养他们的创新思维和实践能力；此外，教师还可以通过项目式学习、研究性课题等形式，为学生提供更广阔的学习空间和更多的自主发展机会。

（2）提供个性化的辅导与支持

除了构建个性化的习题与作业体系，高校还应为学生提供个性化的辅导和支持，以全面满足学生的学习需求。在线学习平台是一个有效的工具，教师可以利用这一平台为学生提供一对一的在线辅导和咨询服务。通过实时的互动和交流，教师可以及时了解学生的学习状况，帮助他们解决学习过程中的困难和问题，并提供有针对性的指导和建议。

此外，高校还应充分利用图书馆、实验室等资源，为学生提供丰富多样的学习资料和工具。图书馆有各类学术著作和期刊，能够满足学生在不同领域的学习需求。实验室则可以提供先进的实验设备，能够支持学生进行科学实验，从而培养他们的动手能力和实验技能。

3. 促进学生的全面发展

高校思政课不仅要传授知识，更要注重学生的全面发展。高校应注重对学生的价值引领和情感激发，开展丰富多彩的课外活动，促进学生综合素质的提升。

（1）价值引领和情感激发

思政课应承担起价值引领和情感激发的重任。通过讲解马克思主义理论和中国特色社会主义理论体系，引导学生树立正确的世界观、人生观、价值观。同时，通过情感激发的方式，如讲述感人故事、组织纪念活动等，增强学生的爱国情怀和社会责任感。

（2）开展丰富多彩的课外活动

除了课堂教学，高校还应开展丰富多彩的课外活动，如社会实践活动、志愿服务活动等。这些活动不仅可以拓宽学生的视野和知识面，还可以培养他们的实践能力和创新精神。例如，通过参与社会实践活动，学生可以深入了解社会现实和民生问题，增强自身的社会责任感和历史使命感；参与志愿服务活动能够激发学生的奉献精神。

三、师生关系的和谐构建

师生关系的和谐是提高高校思政课教学质量的重要保障。为了构建和谐的师生关系，高校需要从多个方面入手，确保高校思政课教学既充满人文关怀，又高效有序。

（一）树立以学生为中心的教育理念，奠定和谐基础

首先，高校要关注学生的成长和发展需求，结合他们的专业背景和未来职业规划，为学生提供有针对性的指导和帮助，让学生感受到教育的实用性和前瞻性；同时，尊重学生的个体差异，灵活调整教学策略和方法，确保学生能在适合自己的学习节奏中进步。此外，高校应积极倾听学生的意见和建议，定期开展教学反馈活动，及时调整和改进教学工作，让学生成为教学活动的积极参与者。

（二）加强师生沟通与互动，增进相互理解

为了进一步增进师生之间的了解和信任，高校应组织小组讨论等活动，激发学生的学习兴趣和积极性，培养他们的团队合作精神和沟通能力。同时，高校可开展互动式教学活动，如案例分析、角色扮演等，让学生在实践中学习，在学习中实践，提高他们的实践能力。此外，高校还可以利用信息化教学工具与学生进

行互动，如在线教学平台等，以实现实时交流并提高教学效率和质量。

（三）关注学生的全面发展，促进和谐共生

在注重知识传授和能力培养的同时，高校更要关注学生的价值引领和情感激发。高校应引入社会主义核心价值观教育，引导学生树立正确的世界观、人生观和价值观，培养他们的道德情操和社会责任感，促进学生的全面发展。

综上所述，通过树立以学生为中心的教育理念、加强师生沟通与互动、关注学生的全面发展等策略，高校可以构建更加和谐的师生关系。和谐的师生关系不仅有助于提高学生的综合素质和能力水平，还能促进教学工作的顺利进行，从而为高校思政课教学质量的提升提供有力保障。

第八章　高校思想政治理论课智慧课堂的构建

在信息化与智能化快速发展的时代背景下，高校思政课的教学模式正经历着深刻的变革。智慧课堂作为新兴的教学模式，以其独特的教学理念、多样化的教学方法、灵活的教学流程、丰富的教学资源及实时的评价与反馈机制，为高校思政课的教学改革和创新提供了新的思路和方法。本章将首先阐述高校思政课智慧课堂与传统课堂在教学理念、教学方法、教学流程、教学资源与教学平台及评价与反馈机制等方面的差异；进而阐述高校思政课智慧课堂构建的重要价值；最后详细探讨高校思政课智慧课堂构建的基本策略，包括明确构建目标与发展规划、创新教学理念与模式、优化教学流程与环节、整合教学资源与教学平台及建立评价与反馈机制等，以期为高校思政课的教学改革和创新提供有力支持，推动高校思政课向现代化、个性化、高效化的方向发展。

第一节　高校思想政治理论课智慧课堂与传统课堂的比较

一、教学理念的比较

（一）高校思政课传统课堂的教学理念

高校思政课传统课堂往往以教师为中心，强调知识的灌输式传授。在这种教学理念下，教师是知识的传授者，拥有绝对的权威和主导地位，而学生则被视为知识的接受者，处于被动接受的地位。高校思政课传统课堂的教学过程主要围绕教师的讲解和演示展开，学生专注于认真听讲、做好笔记，并在课后通过复习和写作业来巩固所学知识。这种教学模式虽然能够系统地传授知识，但忽视了学生的主体性和参与性。

随着信息时代的到来，知识的获取途径日益多样化，学生的学习需求也变得更加个性化和多元化。高校思政课传统课堂的教学理念已难以适应这种变化，迫切需要进行改革和创新。

（二）高校思政课智慧课堂的教学理念

高校思政课智慧课堂秉持以学生为中心的教学理念，强调学生的主体性和参与性。高校思政课智慧课堂认为，学生是学习的主体，具有独特的认知风格和学习需求；认为高校思政课教学应围绕学生的需求、兴趣和认知水平展开，注重培养学生的自主学习能力和终身学习能力。

在这一教学理念的指导下，教师不再是单纯的知识传授者，而是学生学习的引导者和辅助者。教师通过创设丰富多样的学习情境，激发学生的学习兴趣和主动性，引导学生主动探索、积极思考，从而实现知识的内化和能力的提升。高校思政课智慧课堂的教学理念更加注重学生的个性化发展和全面发展，旨在培养具有创新精神和实践能力的高素质人才。

二、教学方法的比较

（一）高校思政课传统课堂的教学方法

高校思政课传统课堂的教学方法相对单一，主要以讲授法为主。教师通过口头讲解和板书演示，将知识系统地传授给学生。这种教学方法虽然能够清晰地呈现知识框架和知识的逻辑关系，但缺乏教学过程的互动性和个性化。

此外，高校思政课传统课堂的教学方法还往往会忽视学生的主体性和差异性。不同学生的学习需求、认知水平和兴趣点各不相同，但高校思政课传统课堂的教学方法却难以做到因材施教和个性化教学。这导致部分学生在课堂上感到枯燥乏味，甚至产生厌学情绪。

（二）高校思政课智慧课堂的教学方法

高校思政课智慧课堂采用了多种教学方法，如学导式教学法、讨论式教学法、体验式教学法等，以丰富课堂教学形式和内容。

1. 学导式教学法

学导式教学法是教师引导和学生自主学习相结合的一种教学方法。在课前阶段，教师通过推送预习资料和学习任务，引导学生自主学习并产生预习数据。在课中阶段，教师根据学生的预习情况和学习需求进行有针对性的讲解和辅导。在课后阶段，教师通过推送个性化的作业和辅导资源，帮助学生巩固所学知识并拓展学习视野。学导式教学法注重培养学生的自主学习能力和独立思考能力，能够使他们在学习过程中逐渐学会如何学习。

2. 讨论式教学法

讨论式教学法是一种促进知识交流与智慧启迪的教学方法。在高校思政课智慧课堂中，教师可以通过组织师生、生生之间的讨论交流活动，促进学生的思维碰撞。讨论式教学法不仅可以促进知识的共享和交流，还可以培养学生的沟通能力和团队协作精神。教师利用讨论式教学法进行教学，可以使学生更加深入地理解知识、掌握技能，并学会从不同角度思考问题。

3. 体验式教学法

体验式教学法是通过创设具体场景或氛围，让学生在亲身体验中学习知识。教师可以利用虚拟现实技术、增强现实技术等现代信息技术手段，创设沉浸式学习场景。例如，在讲述历史事件或社会现象时，教师可以利用虚拟现实技术让学生身临其境地感受当时的情境和氛围；在讲述科学原理或技术操作时，教师可以利用虚拟现实技术让学生直观地观察实验过程和结果。体验式教学法不仅可以激发学生的学习兴趣和好奇心，还可以提高他们的实践能力和创新精神。

三、教学流程的比较

（一）高校思政课传统课堂的教学流程

高校思政课传统课堂的教学流程相对固定，主要包括导入新课、讲授新知、巩固练习和课堂小结等环节。在这一教学流程中，教师的讲解和演示占据了大部分时间，学生的参与和互动相对较少。

第一，导入新课：教师通过提问、讲述故事或展示图片等方式导入新课内容，激发学生的学习兴趣和好奇心。

第二，讲授新知：教师系统地讲解新知识、新概念和新原理，并通过板书、幻灯片等辅助手段进行演示和说明。

第三，巩固练习：教师通过提问、讨论或练习等方式检验学生对新知识的掌握情况，并帮助他们巩固所学知识。

第四，课堂小结：教师对本节课的内容进行总结和归纳，强调重难点，并布置课后作业和任务。

这种教学流程虽然能够清晰地呈现知识框架和知识的重难点，但缺乏互动性和个性化，难以激发学生的学习兴趣和主动性。

（二）高校思政课智慧课堂的教学流程

高校思政课智慧课堂打破了传统的教学流程，实现了课前阶段、课中阶段、课后阶段的无缝衔接和有机融合。

1. 课前阶段

教师通过高校思政课智慧课堂平台推送预习资料和学习任务，让学生进行自主学习。预习资料可以包括课程视频、音频、图文资料等，以满足不同学生的学习需求和兴趣点。同时，教师还可以设计在线测验或讨论互动等环节，以检验学生的预习效果并收集反馈意见。

2. 课中阶段

教师可以利用高校思政课智慧课堂平台创设问题情境、组织讨论互动、进行实时检测数据分析等。通过问题情境的创设，教师可以激发学生的学习兴趣和好奇心；通过讨论互动的组织，教师可以促进学生的思维碰撞；通过实时监测数据分析的进行，教师可以及时了解学生的学习情况和反馈信息，并调整教学策略和方法。此外，教师还可以利用高校思政课智慧课堂平台推送相关资源或链接，以帮助学生更好地理解和掌握所学知识。

3. 课后阶段

教师可以通过高校思政课智慧课堂平台推送个性化的作业和个性化的辅导资源。个性化的作业可以根据学生的学习情况和兴趣点进行定制，以提高作业的针对性和有效性。个性化的辅导资源可以采用个性化学习支持、实时反馈和评估等多种形式，以满足不同学生的多样化学习需求。同时，教师还可以利用高校思政课智慧课堂平台与学生进行在线交流和辅导，以解答他们的疑问并帮助他们解决学习过程中的问题。

四、教学资源与教学平台的比较

（一）高校思政课传统课堂的教学资源与教学平台

高校思政课传统课堂的教学资源相对有限，主要依赖教材和教辅资料。虽然这些教学资源在一定程度上能够满足教学需求，但缺乏多样性和时效性，难以满足学生的多样化学习需求。同时，高校思政课传统课堂的教学平台也相对单一，主要依赖黑板、幻灯片等传统教学工具。这些教学工具虽然能够呈现知识框架和知识的重难点，但缺乏互动性和个性化，难以激发学生的学习兴趣和主动性。

（二）高校思政课智慧课堂的教学资源与教学平台

高校思政课智慧课堂充分利用了现代信息技术手段，构建了丰富多样的教学资源库和教学平台。这些教学资源库和教学平台不仅包含了大量的优质课程视频、音频、图文资料等，还提供了在线测验、讨论互动、虚拟实验室等功能。

1. 教学资源库

高校思政课智慧课堂的教学资源库涵盖了各个学科领域的优质课程视频、音频、图文资料等。这些教学资源不仅内容丰富、形式多样，而且具有较强的时效性和针对性。教师可以通过高校思政课智慧课堂平台轻松地获取所需的教学资源，并进行整合和优化，以满足不同学生的学习需求。同时，学生也可以根据自己的学习需求和学习兴趣，选择适合自己的学习资源和方式，实现个性化学习。

2. 教学平台

高校思政课智慧课堂的教学平台不仅提供了在线测验、讨论互动、虚拟实验室等功能，还支持多种教学工具和教学方式的融合应用。例如，教师可以通过高校思政课智慧课堂平台进行在线直播授课、录制课程视频、发布作业和测验等；学生则可以通过高校思政课智慧课堂平台进行在线学习、提交作业和测验、参与讨论和互动等。这种教学平台的设计不仅提高了教学效率和质量，还促进了师生之间的互动与合作。

此外，高校思政课智慧课堂的教学平台还支持跨学校、跨区域的资源共享和交流。构建跨学校、跨区域的高校思政课智慧课堂联盟或共同体等组织形式，可以实现优质教学资源的共享和交流；在线教育平台和远程教学服务等手段，可以为偏远地区或教育资源匮乏地区的学生提供优质的教育资源和服务。这有助于推动教育公平，提高我国的整体教育质量和水平。

五、评价与反馈机制的比较

（一）高校思政课传统课堂的评价与反馈机制

高校思政课传统课堂的评价与反馈机制相对滞后，主要通过考试和作业等方式对学生的学习效果进行评价。这种评价与反馈机制虽然能够在一定程度上反映学生的学习情况，但缺乏及时性和针对性，难以及时发现和解决学生在学习过程中遇到的问题。同时，高校思政课传统课堂的评价与反馈机制也往往忽视学生的主体性和差异性，难以做到因材施教和个性化评价。

（二）高校思政课智慧课堂的评价与反馈机制

高校思政课智慧课堂建立了多元化评价机制和实时反馈机制。通过高校思政课智慧课堂平台，教师可以及时了解学情，并针对学生的不同需求和问题进行精准辅导和个性化教学。

1. 多元化评价机制

高校思政课智慧课堂的多元化评价机制可以利用多种评价方式和手段加以实现。例如，教师可以通过在线测验、作业、论文等方式对学生的知识掌握情况进行评价；通过课堂表现、小组讨论、团队协作等方式对学生的能力和素质进行评价；通过自我评价、同伴评价、教师评价等方式对学生的综合表现进行评价。这种多元化评价机制可以更加全面地反映学生的学习情况和成长过程。

此外，高校思政课智慧课堂的评价与反馈机制还支持对学生学习过程的跟踪和记录。教师可以随时查看学生的学习进度和表现情况，并对学生的学习过程进行及时跟踪和记录。这有助于教师更加深入地了解学生的学习情况和成长过程，为教师的个性化教学和精准辅导提供有力支持。

综上所述，高校思政课智慧课堂与传统课堂在教学理念、教学方法、教学流程、教学资源与教学平台及评价与反馈机制等方面存在显著差异。高校思政课智慧课堂以其独特的教学理念和多样化的教学方法、灵活的教学流程、丰富的教学资源和高效的教学平台以及多元化评价机制和实时反馈机制，为高校思政课的教学改革和创新提供了新的思路和方法。深入研究和探索高校思政课智慧课堂的构建策略，可以推动高校思政课向现代化、个性化、高效化的方向发展。

2. 实时反馈机制

高校思政课智慧课堂的实时反馈机制可以利用在线测验、讨论互动、虚拟实验室等功能加以实现。例如，教师可以通过在线测验及时了解学生的学习情况和对知识的掌握程度；通过讨论互动收集学生的反馈意见和建议；通过虚拟实验室观察学生的实验操作和结果等。这些反馈信息可以帮助教师及时调整教学策略和方法。

第二节 高校思想政治理论课智慧课堂构建的重要价值

高校思政课智慧课堂的构建不仅是对传统教学模式的革新，更是对教育质量提升、学生全面发展及教育公平的重要推动。本节将从提高了教学质量与效果、激发了学生的学习兴趣与主动性、促进了师生互动与合作、有利于教育公平目标的实现等维度，深入阐述高校思政课智慧课堂构建的重要价值。

一、提高了教学质量与效果

（一）优化了教学资源配置，实现了资源共享利用

高校思政课智慧课堂的构建，其价值首先体现在其能够突破传统课堂教学活动的时空界限，实现教学资源的科学配置与高效共享。高校思政课智慧课堂凭借现代信息技术的强大支撑，构建起了一个多元化、动态更新的教学资源库与教学平台。这一教学资源库不仅囊括了海量的高质量课程视频、音频素材及图文并茂的学习材料，还紧跟时代发展潮流，融入了最新的时事政治资讯、社会热点话题及经典教学案例等内容，为教师和学生提供了一个广阔且充满活力的学习探索空间。

高校思政课智慧课堂教学平台的使用，极大地便利了教师获取所需教学资源的过程。教师可以根据教学计划和教学目标，轻松地从教学平台上选取、整合并优化各类教学资源，以精准契合不同学生的学习需求和兴趣偏好。这一过程中，教师能够充分发挥主观能动性，创新教学方式和方法，提升教学的针对性和实效性。

同时，对于学生而言，高校思政课智慧课堂教学平台也提供了前所未有的学习自主性和灵活性。学生可以根据自己的学习进度、兴趣及个人能力水平，自主选择适合自己的学习资源和学习方式，实现真正的个性化学习。这种以学习者为中心的教学资源配置方式，不仅提高了教学资源的利用效率，还有效促进了教学质量的全面提升，为培养具有创新精神和实践能力的新时代人才奠定了坚实基础。

（二）丰富了课堂教学形式，提高了学生的学习兴趣

高校思政课智慧课堂采用了多种教学方法和手段，如学导式教学法、讨论式

教学法、体验式教学法等，极大地丰富了课堂教学形式和内容，提高了学生的学习兴趣和课堂参与度。学导式教学法通过引导学生自主学习，培养他们的独立思考和解决问题的能力；讨论式教学法通过组织师生、生生之间的讨论交流，让学生碰撞出思维的火花；体验式教学法则通过创设相应的场景或氛围，让学生在亲身体验中感受知识的力量。

例如，在探讨社会热点问题时，教师可以组织学生进行小组讨论或辩论活动，让他们在交流中碰撞思想、激发灵感，培养批判性思维和创新能力。多样化的教学方法和手段的运用，不仅提高了学生的学习兴趣和课堂参与度，还促进了他们综合素质的全面提升。

（三）建立了实时反馈机制，实现了精准教学

高校思政课智慧课堂还建立了实时反馈机制，使教师能够及时了解学生的学习情况和反馈信息。通过高校思政课智慧课堂教学平台上的在线测验、讨论互动、作业提交等功能，教师可以随时随地掌握学生的学习进度和表现情况，并对他们的学习过程和结果进行及时的跟踪和记录。

例如，利用在线测验功能，教师可以根据学生的学习情况和对知识的掌握程度，及时调整测验难度和题型设置，以确保在线测验的有效性和针对性。利用讨论互动功能，教师可以及时回应学生的提问和反馈意见，解答他们的疑惑并引导他们进行深入思考。利用作业提交功能，教师可以对学生的作业进行细致的批改和点评，指出学生的优点和不足，并提出具体的改进建议。这种实时反馈和精准教学，不仅提高了教学效果和质量，还促进了学生的个性化发展。

二、激发了学生的学习兴趣与主动性

（一）创设了丰富多样的学习情境

高校思政课智慧课堂充分利用了现代信息技术手段，将抽象的理论知识转化为具体、生动的学习情境，让学生在轻松愉快的氛围中掌握知识、提升能力。

例如，在讲授马克思主义基本原理时，教师可以利用动画、视频等多媒体技术将抽象的概念和原理进行可视化呈现，使学生能够更加直观地理解和掌握知识。又如，在探讨中国特色社会主义理论体系时，教师可以组织学生参观红色教育基地或进行社会实践活动，让学生在实践中深化对知识的理解。这些丰富多样的学习情境，不仅激发了学生的学习兴趣和好奇心，还培养了他们的实践能力和创新精神。

（二）强化了学生的主体性和参与性

高校思政课智慧课堂强调学生的主体性和参与性，鼓励学生积极参与课堂教学和实践活动。在高校思政课传统课堂中，学生往往处于被动接受知识的地位，缺乏主动性和创造性。高校思政课智慧课堂则通过组织师生、生生之间的讨论交流、合作探究等活动，激发学生灵感，培养他们的自主学习能力和团队协作精神。

例如，在讨论式教学中，教师可以引导学生围绕某个主题进行自由讨论和辩论活动，让他们在交流中碰撞思想、激发灵感。在合作探究活动中，教师可以组织学生分组开展项目研究或社会实践调查等活动，让他们在合作中共同解决问题。这些活动的开展不仅强化了学生的主体性和参与性，还促进了他们的全面发展。

（三）提供了个性化的学习支持和服务

高校思政课智慧课堂还提供了个性化的学习支持和服务，满足了不同学生的学习需求。在高校思政课传统课堂中，由于教学资源的有限性和教学方式的单一性，学生的个性化学习需求难以得到满足。高校思政课智慧课堂则通过利用大数据技术和人工智能技术对学生的学习数据进行了深入挖掘和分析，为学生提供了个性化的支持和服务。

三、促进了师生互动与合作

（一）打破了时空界限，实现了即时交流

高校思政课智慧课堂突破了传统教学的时空束缚，实现了师生间的即时交流。在高校思政课传统课堂中，因教学方式单一、时空受限，师生互动往往受到制约。高校思政课智慧课堂借助在线测验、讨论互动、视频会议等现代信息技术，让师生能够随时随地进行沟通。例如，在讨论互动区，师生可随时展开在线交流；视频会议则让师生实现了异地面对面沟通，这些功能不仅打破了时空界限，还深化了师生间的交流与合作。

（二）推动了思维碰撞，促进了知识共享

高校思政课智慧课堂通过组织师生、生生间的讨论、合作探究等活动，有效促进了思维碰撞与知识共享。相较于高校思政课传统课堂单一的教学模式和枯燥的教学内容，高校思政课智慧课堂利用在线测验、讨论互动、虚拟实验室等技术手段，为学生提供了更加广阔的交流空间。例如，在讨论互动区，学生可以围绕特定主题自由讨论、辩论；在虚拟实验室，学生可以进行实验操作、数据分析等

实践活动。这些活动不仅促进了思维的碰撞与知识的共享，还培养了学生的批判性思维和创新能力。

（三）构建了良好的师生关系，营造了积极的学习氛围

高校思政课智慧课堂构建了良好的师生关系，营造了积极的学习氛围。在高校思政课传统课堂中，由于教学方式单一、内容缺乏吸引力，师生关系往往较为紧张且师生互动性不足。高校思政课智慧课堂通过在线测验、讨论互动、作业提交等功能，为师生提供了多元化的交流机会。例如，在讨论互动区，教师可以及时回应学生的提问和反馈；在作业提交环节，教师可以对学生的作业进行细致批改和点评。这些交流互动不仅增强了师生间的了解和信任，还为构建良好的师生关系和营造积极的学习氛围奠定了坚实基础。

四、有利于教育公平目标的实现

（一）实现了优质教学资源的共享与交流

高校思政课智慧课堂的构建有助于实现优质教学资源的共享与交流。在高校思政课传统课堂中，由于教学资源的有限性和分布不均等原因，不同区域和学校之间的教育差距往往较大。高校思政课智慧课堂通过利用现代信息技术手段，构建了跨区域、跨学校的高校思政课智慧课堂联盟或共同体等组织形式，实现了优质教学资源的共享与交流。

例如，在高校思政课智慧课堂联盟中，不同区域的学校可以共享优质的教学资源；在高校思政课智慧课堂共同体中，不同学科的教师可以共同开展教学研究和实践活动。这些活动的开展不仅提高了教学资源的利用效率，还有利于教育公平目标的实现。

（二）提供了个性化的学习机会与资源

高校思政课智慧课堂为不同背景和能力的学生提供了个性化的学习机会与资源。通过大数据技术和人工智能技术，高校思政课智慧课堂深入挖掘和分析了学生的学习数据，为他们提供了定制化的学习建议和资源。例如，教师可以根据学生的学习情况和兴趣，在高校思政课智慧课堂平台上为学生推荐适合的课程资料，如视频、音频和图文等；同时，还可以根据学生的学习进度，为他们制订个性化的学习计划。这些个性化的学习机会与资源不仅满足了学生的不同需求，还促进了他们的全面发展。

综上所述，高校思政课智慧课堂的构建具有重要的现实意义和价值。它不仅能够提升教学质量与效果、激发学生学习兴趣与主动性、促进师生互动与合作，还有利于教育公平目标的实现。

第三节　高校思想政治理论课智慧课堂构建的基本策略

高校思政课智慧课堂的构建是一个复杂而系统的工程，它涉及教学理念、教学方法、教学流程、教学资源与教学平台利用及评价与反馈机制等多个方面。本节将详细阐述高校思政课智慧课堂构建的基本策略，以期为高校思政课教学改革和创新提供有力支持。

一、明确构建目标与发展规划

（一）构建目标的设定

在构建高校思政课智慧课堂之前，高校首先需要明确构建目标。构建目标应围绕提高教学质量、激发学生学习兴趣、促进师生互动与合作及促进教育公平等方面展开。构建目标可以包括以下几个方面。

第一，提高教学质量：通过高校思政课智慧课堂的构建，实现教学资源的优化配置和共享利用，丰富课堂教学形式和内容，提高学生的学习兴趣和课堂参与度，从而提高教学质量和效果。

第二，激发学生学习兴趣：通过创设丰富多样的学习情境和互动环节，激发学生的学习兴趣和好奇心，引导他们主动探索、积极思考，培养学生的自主学习能力和终身学习能力。

第三，促进师生互动与合作：打破传统教学的时空限制，实现师生之间的无缝交流和互动，促进思维碰撞与知识共享，建立良好的师生关系。

第四，促进教育公平：通过高校思政课智慧课堂的构建，为不同区域学校的学生提供个性化的学习机会与资源，进而缩小教育差距、促进教育公平。

（二）发展规划的制定

在明确构建目标的基础上，高校还需要结合学校的实际情况和未来发展需求制定发展规划。发展规划应明确各个阶段的目标和任务，以及实现路径和措施。发展规划可以包括以下几个方面。

第一，短期目标：在初期阶段，重点建设高校思政课智慧课堂的基础设施和教学资源库，完善在线测验、讨论互动等功能，实现基本的教学互动和资源共享。

第二，中期目标：在短期目标达成的基础上，持续优化教学流程与方法，丰富课堂教学的形式与内容，提高学生的学习兴趣与课堂参与度，初步构建起具有特色的高校思政课智慧课堂。

第三，长期目标：在中期目标实现的基础上，推动高校思政课智慧课堂的全面普及和深入应用，实现教学质量的显著提升并促进教育公平。

明确构建目标与发展规划，可以为高校思政课智慧课堂的构建指明方向，确保各项工作的有序进行和高效推进。

二、创新教学理念与模式

（一）树立以学生为中心的教学理念

构建高校思政课智慧课堂的首要任务是树立以学生为中心的教学理念。这一教学理念凸显了学生的主体地位，视学生为教学活动的核心，尊重学生独特的认知方式和学习需求。这一教学理念认为，教学活动应紧密围绕学生的实际需求、兴趣及认知水平来开展，着重培育学生的自主学习能力和终身学习能力。

践行以学生为中心的教学理念，要求教师实现从知识传授者向学生学习的引导者和辅助者的角色转变。教师应精心创设多元化、富有吸引力的学习情境和互动环节，有效激发学生的学习热情和主动性，引领他们主动探究、深入思考。同时，教师还需细致关注学生的个体差异和多元化需求，为学生提供量身定制的学习支持和服务。

（二）采用多种教学方法和手段

在牢固树立以学生为中心的教学理念的基础上，高校还应积极采用多种教学方法和手段，丰富课堂教学的形式和内容，进一步提升教学效果。

1. 利用智慧教学云平台

通过智慧教学云平台，教师可以上传高校思政课程资源，让学生可以随时随地进行学习。智慧教学云平台具备互动功能，如留言区讨论、弹幕等，方便学生及时提出问题，教师也能迅速回应。智慧教学云平台能收集学生的学习数据，如学习时长、互动频率、成绩变化等，方便教师进行学情分析。教师还可根据智慧教学云平台的数据调整教学策略，实现精准教学。

2. 实施个性化教学

高校思政课智慧课堂可借助算法推荐功能，根据学生的学情分析、预习反馈等信息，精准推送与学生相匹配的知识图谱和学习内容。这种个性化推送有助于满足学生的差异化学习需求。在教学过程中，教师还可以利用投票、讨论等方式，及时调整教学内容与进度，使教学方法与教学内容相适配。课后，教师可以根据学生的学习情况提供巩固性教学，如生成错题集等，为不同学习程度的学生布置不同难度的课后作业。

3. 开展线上线下混合式教学

在高校思政课智慧课堂中，学生可以在线上进行预习，了解即将学习的高校思政知识。在线下课堂中，教师可以针对学生的预习情况进行深入讲解和讨论，深化学生对高校思政知识的理解和应用。线上平台可以为学生提供丰富的互动机会，如小组讨论、在线辩论等；线下实践则可以通过志愿服务、社会实践等方式，让学生在实践中感悟高校思政知识的真谛。

4. 注重实践教学和案例教学

在高校思政课智慧课堂的教学中，教师除了运用多种教学方法和手段，更应着重强调对实践教学和案例教学的应用。这两种教学方式对于培养学生的实践能力和创新精神，以及提升教学的针对性和实效性具有显著效果。

实践教学，即通过组织学生参与社会实践、志愿服务等活动，使教学更加贴近实际，增强教学的针对性和实效性。教师可以充分利用在线教学平台，灵活组织各类实践活动，让学生在实践中学习。同时，教师还能通过在线教学平台实时跟踪学生的实践过程，记录实践成果，并及时给予评价和反馈，确保实践教学的效果得到充分发挥。

案例教学则是通过引入典型案例，帮助学生更好地理解和掌握理论知识。在高校思政课智慧课堂中，教师可以轻松获取并分享典型案例，结合案例内容组织讨论交流、合作探究等活动，激发学生的思维活力，促进观点的交流。教师还能利用在线教学平台实时跟踪学生的讨论情况，对他们的讨论成果进行及时评价，进一步巩固案例教学的成果。

三、优化教学流程与环节

（一）打破传统教学的时空限制

高校思政课智慧课堂应凭借其强大的现代信息技术手段，打破传统教学的时空限制，实现课前、课中、课后 3 个教学阶段的无缝衔接与有机融合，为教育带来新的生机与活力。

在课前预习阶段，教师可以通过在线教学平台，获取便捷的资料推送工具。教师可以将预习视频、课件、阅读材料等多种形式的学习资源发送给学生，引导学生提前自主学习。同时，教师还应利用在线教学平台实时收集学生的预习数据，了解学生的学习状况，为后续的课堂教学做好准备。

在课中互动阶段，教师可以通过在线教学平台组织实时讨论、小组合作、在线测验等多种互动活动，激发学生的学习兴趣，促进学生的思维碰撞。这种即时的互动方式，不仅增强了课堂的趣味性，还提高了学生的参与度，使课堂变得更加生动有趣。

在课后巩固阶段，教师可以根据学生的学习情况，推送个性化的作业和辅导资料，帮助学生巩固所学知识，拓展学习视野。同时，教师还应利用在线教学平台提供的作业批改、在线答疑等功能，为学生提供即时的学习支持，确保学生能够全面掌握所学知识。

总之，高校思政课智慧课堂的构建应充分利用现代信息技术手段，打破传统教学的时空限制，实现课前、课中、课后的无缝衔接和有机融合。

（二）注重预习环节的设计和实施

预习环节是课堂教学的重要组成部分，它能够帮助学生提前了解教学内容和教学重难点，为课堂学习做好充分准备。教师可以通过在线教学平台推送预习资料和学习任务等方式引导学生自主学习并产生预习数据。

具体来说，预习资料可以包括课程视频、音频、图文资料等多种形式的内容；学习任务可以包括阅读教材、思考问题、完成作业等多种形式的任务。预习环节的设计和实施，可以让学生提前了解教学内容并提高听课效率；同时，还可以帮助教师了解学生的预习情况和反馈意见，以便为课堂教学提供有针对性的指导和支持。

（三）注重课堂互动和合作环节的设计和实施

课堂互动和合作环节是课堂教学的重要组成部分，它能够发散学生的思维，促进师生之间的互动与合作关系的建立。在高校思政课智慧课堂的构建过程中，教师可以通过在线教学平台组织讨论交流、合作探究等活动来激发学生灵感。

具体来说，讨论交流活动可以围绕某个主题或问题来进行；合作探究活动可以采用学生分组进行项目研究或开展社会实践调查等形式。

（四）注重课后巩固和拓展环节的设计和实施

课后巩固和拓展环节对于加深学生对课堂内容的理解、培养学生的自主学习能力和创新思维具有重要意义。

在课后巩固环节，教师应着重于对课堂所学知识进行回顾与复习，通过布置适量的作业、提供练习题和答案解析等方式，帮助学生巩固所学知识，查漏补缺。同时，教师还可以利用在线教学平台或课堂互动工具，及时解答学生在课后巩固过程中遇到的问题，确保学生能够全面掌握所学内容。

拓展环节则是在课后巩固的基础上，进一步引导学生拓展知识面、提升能力。教师可以通过推荐相关的阅读材料、视频课程、实践项目等，鼓励学生自主探索、深入学习。此外，教师还可以组织课后讨论、小组合作等活动，促进学生之间的交流与合作，共同提升学习效果。

在设计和实施课后巩固和拓展环节的过程中，教师应注重课后巩固和拓展环节的趣味性和实用性，确保学生能够积极参与并受益其中。同时，教师还应根据学生的实际情况和学习需求，灵活调整课后巩固和拓展环节的内容与方式，以满足不同学生的学习需求。

四、整合教学资源与平台

（一）建立丰富多样的教学资源库和平台

在整合教学资源与平台的过程中，首先要建立丰富多样的教学资源库和平台。教学资源库和平台是高校思政课智慧课堂建设的重要基础，它们能够为师生提供广阔的学习空间和丰富的学习资源。教学资源库和平台可以包括对课程视频、音频、图文资料等优质教学资源的收集和整理，以及对在线测验、讨论互动等功能的开发和利用。

课程视频、音频、图文资料等优质教学资源的收集和整理：课程视频、音频、图文资料是教学资源库和平台的重要组成部分。在收集和整理这些优质教学资源时，教师应注重其质量和时效性，确保其能够满足学生的学习需求。

在线测验、讨论互动等功能的开发和利用：在线测验、讨论互动等功能是教学资源库和平台的重要组成部分。它们能够为学生提供实时反馈和互动交流的机会，帮助他们更好地检验自己的学习成果并拓宽自己的学习视野。在开发和利用这些功能时，教师应注重其便捷性和实用性，确保其能够为学生提供便捷、高效的学习体验。

（二）注重教学资源的共享和交流

1. 构建高校思政资源共建共享体系

高校可以以智慧思政教学服务云平台为主体，推动日常思政教育、课程思政与高校思政课的有效融通。这有助于打破高校思政课传统课堂的局限，实现教学资源的优化配置和共享。

高校可通过多主体开发、个性化应用、多载体聚合等手段，强化数字资源供给，汇聚各类优质资源，形成数字化、精品化、专业化的高校思政资源共建共享体系。

2. 利用先进技术，实现资源的高效交流

教师通过对学生学习数据的分析，精准把握学情，制订有针对性的教学方案。同时，这些学习数据也可以作为教学资源的一部分，供其他教师参考和借鉴。

高校可建立跨校网络备课空间和虚拟教研室，形成全员备课、即时备课、互动备课、师生同备的模式。这有助于教师之间的交流和合作，共同提升教学质量。

3. 拓展教学平台，丰富资源形式

高校可开发新型教学平台，如慕课平台、移动教学平台等，这些新型教学平台可以提供丰富的教学资源和灵活的学习方式，能够为学生提供更加多样化的学习体验。

高校可充分利用现代网络技术，实现精品课程、电子图书、电子教案、电子案例、电子课件等高校思政课网络类教学资源的共建共享。这有助于打破学校之间的壁垒，实现资源的最大化利用。

4. 建立互动机制，促进资源交流

高校应建立由高校思政课教师和专业课教师组成的课程思政案例互动交流平台，让教师共同分享和探讨教学经验和案例。

高校还应举办高校思政课交流活动，通过线上线下联动等活动形式，不断丰富活动形式和内容，促进教学资源的交流和共享。

5. 完善制度保障，确保资源共享的持续性

高校应制定相关规定，鼓励和支持教师积极参与教学资源的共享和交流活动，并对在教学资源共享和交流方面做出突出贡献的教师和学生给予一定的奖励和表彰。

（三）注重教学资源的更新和维护

第一，高校应根据时代发展和学生需求的变化，及时更新和完善教学资源库和平台内容。具体而言，高校应密切关注时事政治、社会热点等动态信息，将这些新鲜元素融入教学资源中，使教学内容更加贴近现实，增强学生的学习兴趣。同时，高校应积极收集学生的反馈意见，了解他们的学习需求和偏好，并据此对教学资源进行优化和改进，确保教学资源的针对性和实用性。

第二，高校应对教学资源库和平台进行定期维护。这包括定期对教学资源库和平台进行技术检查，及时发现并修复存在的技术问题，确保教学资源库和平台的稳定性和可靠性。同时，高校还应对教学资源进行分类整理，按照年级、知识点等进行科学划分，方便教师和学生快速找到所需资源。此外，高校还应加强对教学资源的管理和优化，淘汰过时或质量不高的教学资源，引入更多优质、创新的教学资源，不断提高教学资源的整体水平。

五、建立评价与反馈机制

（一）建立多元化评价和实时反馈机制

第一，高校应充分重视在线教学平台上的在线测验功能。在线测验作为评价学生学习成效的有效工具，其设计应科学合理。在线测验的题型设置应涵盖选择题、填空题、简答题等多种类型，以全面考查学生的知识掌握程度和知识应用能力。同时，教师应根据教学进度和学生的实际情况，适时调整在线测验的难度，确保在线测验既具有挑战性又能激发学生的学习兴趣。在线测验完成后，系统应能自动生成分析报告，详细展示学生的答题情况、正确率及错误原因，为教师提供即时反馈，以便教师及时调整教学策略，并针对学生的薄弱环节进行强化训练。

第二，高校应充分发挥讨论区功能的互动优势。讨论区作为师生交流、生生互动的重要平台，其话题设置应紧贴教学主题，引导学生围绕核心问题进行深入探讨。教师应积极参与讨论，并适时提出引导性问题，激发学生的思维火花，促进知识共享与思想碰撞。同时，教师应密切关注学生的讨论动态，对学生的观点给予及时评价，肯定其独特见解，指出其思维盲点，鼓励学生在交流中不断成长。此外，教师在讨论区的评价不应仅限于言语上的表扬或批评，还可通过设置积分、勋章等，激发学生的参与热情，营造良好的学习氛围。

（二）注重对学生学习过程的评价和反馈

对学生学习过程的评价与反馈能够全面反映学生的学习态度、课堂参与度及进步情况，有利于教师为他们提供个性化、有针对性的指导和支持，从而促进学生的全面发展。教师可以通过观察记录、问卷调查等方式来收集学生的学习过程数据，并对学生的学习过程进行深入分析和评价。

观察记录方式是收集学生学习过程数据的重要手段。它能够帮助教师直观地了解学生的学习态度和课堂参与度。对于观察记录方式，教师应注重对记录内容和方法的选择；同时，还应注重对学生观察记录结果的及时分析和反馈。

问卷调查是收集学生学习过程数据的另一重要手段。它能够帮助教师系统地了解学生的学习需求和兴趣。对于问卷调查方式，教师应注重对问卷的设计和分析方法的选择；同时，还应注重对学生问卷调查结果的及时分析和反馈。

（三）注重对学生学习效果的评价和反馈

对学生学习效果的评价和反馈，是教学过程中不可或缺的一环。该环节不仅能够准确反映学生的学习成果，还能有效揭示学生学习的薄弱环节，从而为后续教学提供精准的指导。为落实对学生学习效果的评价和反馈，教师应充分利用并优化考试与作业两种主要评价方式。

考试作为评价学生学习成效的有效手段，其设计与实施需遵循科学性与针对性的原则。一方面，题型设置应兼顾知识点的全面覆盖与层次区分，既要有检验基础记忆的题目，也要有考查学生分析和综合应用能力的开放性题目，以全面衡量学生的认知水平与思维能力。另一方面，难度调控也至关重要，出题人需确保试题既不过于简单以至于无法区分学生水平，也不过分困难以至于学生挫败感增强。考试后，教师应及时进行成绩分析，不仅关注总体成绩分布，更要深入分析每道题的答题情况，识别学生的共性错误与个性错误，为后续教学调整提供依据。

作业是评价学生学习效果的另一重要手段。它能够帮助教师直观地了解学生的学习情况并发现不足之处。在利用作业方式时，教师应注重作业内容的安排；同时，还应注重对学生作业完成情况的及时分析和反馈。

（四）注重对学生综合评价体系的构建和完善

学生综合评价体系能够全面、客观地评价学生的学业成绩、综合素质和社会实践表现等。教师可以通过构建多维度、多层次的评价指标体系来实现对学生综合评价体系的构建和完善。

1. 多维度评价指标体系的构建

多维度评价指标体系是构建学生综合评价体系的基础。它要求高校在评价学生时，不仅要关注其学业成绩，还要全面考查其综合素质。

第一，指标设置：评价指标应涵盖知识掌握情况、思维能力、创新能力、道德品质、团队协作、社会责任感等多个方面。每个评价指标都应具体、明确，便于操作和测量。

第二，权重分配：教师应根据各评价指标在学生全面发展中的重要性，合理分配权重。例如，学业成绩作为基础指标，应占有一定比重，但不应过分强调，以免忽视学生其他方面的发展。

第三，结果分析与反馈：高校应建立定期的评价结果分析机制，及时发现问题，并提出改进建议；同时，应将评价结果及时反馈给学生和教师，以便他们了解自身的优势与不足，进而调整学习策略和教学方法。

2. 多层次评价指标体系的构建

构建多层次评价指标体系是完善学生综合评价体系的重要环节。它要求高校应根据不同年级、不同专业学生的特点，进行有针对性的评价。

第一，层次划分：高校应按照年级、专业、课程等进行评价指标层次划分，确保学生综合评价体系的针对性和有效性。例如，对于低年级学生，高校可以侧重考查其基础知识的掌握情况和学习能力；对于高年级学生，高校则应注重考查其专业技能和创新能力。

第二，评价标准：高校应根据各层次学生的特点和需求，制定具体的评价标准。评价标准应既具有可操作性，又能反映学生的真实水平。

第三，结果应用与反馈：高校应将评价结果应用于学生管理、教学改进、奖学金评定等多个方面，形成学生综合评价与教学工作相互促进的良性局面。同时，高校应注重对评价结果的反馈，确保学生、教师和管理部门都能及时了解评价情况，并做出相应的调整和改进。

参考文献

[1] 许玲君 . 高校思想政治理论课教学方法改革创新的动因及实现路径 [J]. 西部素质教育，2024，10（22）：37–41.

[2] 牛文娟 .“大思政”背景下高校思想政治理论课实践教学改革 [J]. 大学，2024（23）：47–50.

[3] 周倩 . 新媒体时代高校思想政治理论课教学改革创新探究 [J]. 教书育人，2024（12）：106–109.

[4] 韩乃茂 . 高校思想政治理论课教学方法改革创新 [J]. 中学政治教学参考，2024（13）：87–88.

[5] 战惠 . 高校思想政治理论课教学改革路径探索 [J]. 国家通用语言文字教学与研究，2023（8）：22–24.

[6] 周新怡 . 高校思想政治理论课教学模式改革思考 [J]. 中学政治教学参考，2023（1）：98.

[7] 林富威，农艳春，梁芷铭 . 高校思想政治理论课教学接受度提升策略 [J]. 广西教育，2022（33）：72–75.

[8] 邢娜 . 新时期强化高校思想政治理论课实践教学改革 [J]. 佳木斯大学社会科学学报，2022，40（4）：211–212.

[9] 吴旭文 . 高校思想政治理论课实践教学改革研究 [J]. 现代职业教育，2022（29）：151–153.

[10] 朱淑琴 . 新媒体背景下高校思想政治理论课教学改革与创新研究 [J]. 中国新通信，2022，24（14）：235–237.

[11] 陆海霞 . 实践育人背景下高校思想政治理论课实践教学改革的思考 [J]. 教育观察，2022，11（19）：42–45.

[12] 董春莉，陈晔，郝云，等 . 新时代高校思想政治理论课教学评价体系的改革与创新 [J]. 陇东学院学报，2022，33（3）：101–105.

[13] 罗亮 . 高校思想政治理论课实践教学改革创新探究 [J]. 学校党建与思想

教育，2022（5）：38–41.

［14］王巍儒．“互联网+教育”视角下高校思想政治理论课教学改革的思考［J］．黄河．黄土．黄种人，2022（1）：48–49.

［15］刘佳．“互联网+”背景下高校思想政治理论课教学改革探究［J］．黑龙江教育（理论与实践），2021（12）：16–17.

［16］刘娜，刘博．高校思想政治理论课智慧课堂线上教学质量提升研究［J］．思想教育研究，2023（3）：117–122.

［17］陈冬颖．高校思政课应用智慧课堂存在的问题及对策［J］．当代教育与文化，2021，13（3）：96–100.

［18］杨晓．基于智慧课堂的思想政治理论课翻转教学［J］．中学政治教学参考，2020（34）：77–80.

［19］曹挹芬，唐亚阳．5G时代高校思想政治理论课智慧课堂建设的理念与原则［J］．学校党建与思想教育，2020（3）：76–78.

［20］刘雅文，魏娇，刘露遥．高校思想政治理论课应用智慧课堂探究［J］．吉林教育，2019（46）：39–41.

［21］雷雪芹．论高校思想政治理论课智慧课堂教学模式的构建［J］．盐城师范学院学报（人文社会科学版），2019，39（6）：121–124.